This Book Comes With Free Bonus Puzzles
Available Here:

BestActivityBooks.com/WSBONUS20

5 TIPS TO START!

1) HOW TO SOLVE

The Puzzles are in a Classic Format:

- Words are hidden without breaks (no spaces, dashes, ...)
- Orientation: Forward & Backward, Up & Down or in Diagonal (can be in both directions)
- Words can overlap or cross each other

2) ACTIVE LEARNING

To encourage learning actively, a space is provided next to each word to write down the translation. The **DICTIONARY** allows you to verify and expand your knowledge. You can look up and write down each translation, find the words in the Puzzle then add them to your vocabulary!

3) TAG YOUR WORDS

Have you tried using a tag system? For example, you could mark the words which have been difficult to find with a cross, the ones you loved with a star, new words with a triangle, rare words with a diamond and so on...

4) ORGANIZE YOUR LEARNING

We also offer a convenient **NOTEBOOK** at the end of this edition. Whether on vacation, travelling or at home, you can easily organize your new knowledge without needing a second notebook!

5) FINISHED?

Go to the bonus section: **MONSTER CHALLENGE** to find a free game offered at the end of this edition!

Want more fun and learning activities? It's **Fast and Simple!**
An entire Game Book Collection just **one click away!**

Find your next challenge at:

BestActivityBooks.com/MyNextWordSearch

Ready, Set... Go!

Did you know there are around 7,000 different languages in the world? Words are precious.

We love languages and have been working hard to make the highest quality books for you. Our ingredients?

A selection of indispensable learning themes, three big slices of fun, then we add a spoonful of difficult words and a pinch of rare ones. We serve them up with care and a maximum of delight so you can solve the best word games and have fun learning!

Your feedback is essential. You can be an active participant in the success of this book by leaving us a review. Tell us what you liked most in this edition!

Here is a short link which will take you to your order page.

BestBooksActivity.com/Review50

Thanks for your help and enjoy the Game!

Linguas Classics Team

1 - Food #1

```
C  I  U  Đ  Ư  Ờ  N  G  Q  Q  Y  V  I  T
Ủ  À  L  M  Ậ  Q  M  T  M  U  Ố  I  P  N
C  V  R  B  T  U  O  M  I  Ả  C  R  Y  A
Ả  S  A  Ố  Y  U  P  C  T  M  H  A  A  D
I  Ữ  A  K  T  Ỏ  I  H  A  Ơ  À  U  P  L
S  A  L  A  D  Q  G  T  Ụ  C  N  B  B  I
L  S  N  M  P  U  Y  K  G  N  H  I  Y  T
H  Ú  N  G  Q  U  Ế  Q  V  T  G  N  R  G
K  P  A  D  N  Q  O  N  Q  A  U  A  T  P
M  Q  U  M  L  I  H  A  C  Á  N  G  Ừ  V
Q  T  U  Q  Ậ  G  H  L  H  H  O  N  L  D
G  M  Q  U  Ế  C  I  Ê  A  L  T  G  O  T
D  Â  U  T  Â  Y  H  N  N  Ư  Ớ  C  É  P
U  I  M  D  B  L  V  U  H  L  C  B  Q  D
```

QUẢ MƠ	ĐẬU PHỤNG
LÚA MẠCH	LÊ
HÚNG QUẾ	SALAD
CÀ RỐT	MUỐI
QUẾ	SÚP
TỎI	RAU BINA
NƯỚC ÉP	DÂU TÂY
CHANH	ĐƯỜNG
SỮA	CÁ NGỪ
HÀNH	CỦ CẢI

2 - Castles

```
C  C  K  O  R  O  H  H  H  P  C  R  T  V
A  Ô  U  U  Á  O  G  I  Á  P  Á  Ồ  A  Ư
T  R  N  N  A  G  G  Ễ  Y  U  I  N  P  Ơ
A  D  D  G  I  A  P  A  U  K  G  L  N
P  R  U  R  C  Đ  Q  S  T  P  H  N  V  G
U  B  O  N  R  H  I  Ĩ  Ư  H  I  G  Ư  Q
L  I  O  O  G  V  Ú  Ễ  Ờ  O  Ê  Ự  Ơ  U
T  H  Y  B  K  E  D  A  N  N  N  A  N  Ố
G  G  Q  L  D  K  O  C  G  G  G  Đ  G  C
G  Q  B  E  T  H  A  N  H  K  I  Ế  M  H
T  R  I  Ề  U  Đ  Ạ  I  R  I  G  C  I  T
H  K  Ỳ  L  Â  N  A  O  O  Ế  G  H  Ệ  D
Á  Q  H  O  À  N  G  T  Ử  N  I  Ế  N  H
P  B  O  C  A  D  T  D  A  D  M  D  T  M
```

ÁO GIÁP
CATAPULT
VƯƠNG MIỆN
RỒNG
DUNGEON
TRIỀU ĐẠI
ĐẾ CHẾ
PHONG KIẾN
NGỰA
VƯƠNG QUỐC

HIỆP SĨ
NOBLE
CUNG ĐIỆN
HOÀNG TỬ
CÔNG CHÚA
CÁI KHIÊN
THANH KIẾM
THÁP
KỲ LÂN
TƯỜNG

3 - Measurements

```
C  D  I  B  H  A  T  Ấ  N  H  T  C  H  A
P  H  Ú  T  L  Í  T  H  Ậ  P  P  H  Â  N
P  C  I  T  R  Ì  N  H  Đ  Ộ  Q  V  N  P
U  H  N  Ề  V  C  Â  N  N  Ặ  N  G  Q  M
C  I  C  U  U  K  H  Ố  I  L  Ư  Ợ  N  G
O  Ề  H  O  K  C  A  R  C  G  R  A  M  Đ
K  U  Q  U  B  K  A  I  E  T  K  O  R  Ộ
I  R  N  B  C  I  L  O  N  D  T  B  O  S
L  Ộ  C  C  Q  L  B  Y  T  E  A  Y  P  Â
Ô  N  A  Y  E  Ô  K  D  I  G  U  M  Y  U
M  G  L  V  B  G  Q  Â  M  L  Ư  Ợ  N  G
É  Y  L  A  I  A  R  P  E  M  P  C  D  V
T  P  Y  N  D  M  I  C  T  G  É  Q  U  G
C  H  I  Ề  U  D  À  I  U  Y  U  T  H  O
```

BYTE	CHIỀU DÀI
CENTIMET	LÍT
THẬP PHÂN	KHỐI LƯỢNG
TRÌNH ĐỘ	MÉT
ĐỘ SÂU	PHÚT
GRAM	OUNCE
CHIỀU CAO	TẤN
INCH	ÂM LƯỢNG
KILÔGAM	CÂN NẶNG
KILÔMÉT	CHIỀU RỘNG

4 - Farm #2

```
R  D  L  T  H  Ẻ  G  R  U  G  V  N  T  C
U  B  Ú  B  R  G  L  Ú  A  M  Ạ  C  H  Ừ
S  Ữ  A  Đ  U  Á  H  T  D  U  K  T  Ứ  U
T  P  M  P  Ồ  B  I  V  M  U  N  H  C  P
V  H  Ì  N  Q  N  N  C  A  Y  G  Ủ  Ă  C
Ị  C  T  Ô  O  A  G  T  Â  I  Ỗ  Y  N  U
T  Ổ  O  N  G  G  C  C  T  Y  N  L  U  D
K  Y  P  G  P  L  O  D  Ỏ  H  G  Ợ  Y  D
U  Q  R  D  H  N  R  U  C  R  M  I  V  I
R  T  I  Â  N  C  Ố  I  X  A  Y  G  I  Ó
C  H  Í  N  G  Ô  Q  M  Y  P  V  B  T  V
P  A  L  H  N  C  T  O  P  R  K  U  O  Ự
M  Á  Y  K  É  O  Đ  Ộ  N  G  V  Ậ  T  A
R  O  G  N  B  Q  D  N  T  O  K  D  I  K
```

ĐỘNG VẬT	THỦY LỢI
LÚA MẠCH	ĐỒNG CỎ
VỰA	SỮA
TỔ ONG	THẺ
NGÔ	CHÍN
VỊT	CỪU
NÔNG DÂN	MÁY KÉO
THỨC ĂN	RAU
TRÁI CÂY	LÚA MÌ
NGỖNG	CỐI XAY GIÓ

5 - Books

```
T  B  G  C  C  Ó  L  I  Ê  N  Q  U  A  N
R  I  I  T  Â  L  Ị  C  H  S  Ử  I  K  B
A  K  Ể  N  T  U  G  B  D  O  H  K  É  À
N  Ị  I  U  M  C  D  L  A  V  M  O  I
G  C  L  O  T  A  Y  H  K  V  Y  T  D  T
Q  H  H  Q  L  H  K  K  U  L  G  G  À  H
T  S  B  N  C  D  U  O  T  Y  M  V  I  Ơ
N  Á  L  O  Ạ  T  M  Y  I  U  Ễ  Ă  K  P
H  N  C  Y  H  Ừ  I  Y  Ế  N  M  N  T  L
Â  G  G  G  Y  U  G  T  D  T  D  H  O  M
N  T  H  À  I  H  Ư  Ớ  C  H  Y  Ọ  Y  T
V  Ạ  K  Q  L  Ả  M  V  V  Q  I  C  V  O
Ậ  O  B  Ố  I  C  Ả  N  H  O  R  G  O  Q
T  U  D  T  H  Ơ  N  G  Ư  Ờ  I  Đ  Ọ  C
```

TÁC GIẢ	TRANG
NHÂN VẬT	BÀI THƠ
BỐI CẢNH	THƠ
KÉO DÀI	NGƯỜI ĐỌC
LỊCH SỬ	CÓ LIÊN QUAN
HÀI HƯỚC	LOẠT
SÁNG TẠO	CÂU CHUYỆN
VĂN HỌC	BI KỊCH
TIỂU THUYẾT	TỪ

6 - Meditation

```
O  T  H  B  L  Í  T  R  Í  L  O  Â  R  C
T  H  Ư  Ơ  N  G  H  Ạ  I  Ò  C  M  Õ  Ả
T  Â  D  C  O  A  Ó  M  M  N  C  N  R  M
L  H  M  D  P  L  I  R  L  G  I  H  À  X
B  Ò  I  T  Y  L  Q  Q  Ặ  B  K  Ạ  N  Ú
O  A  N  Ê  H  T  U  U  N  I  T  C  G  C
K  B  T  G  N  Ầ  E  A  G  Ế  H  C  S  L
T  Ì  B  K  T  N  N  N  P  T  Ở  H  U  Y
B  N  M  V  L  Ố  H  Đ  B  Ơ  Y  Ấ  Y  R
C  H  Ú  Ý  Ặ  H  T  I  K  N  B  P  N  U
D  V  D  V  N  D  U  Ể  Ê  P  B  N  G  V
B  L  G  M  G  M  Q  M  H  N  U  H  H  U
P  H  O  N  G  T  R  À  O  I  N  Ậ  Ĩ  H
H  Ạ  N  H  P  H  Ú  C  D  N  P  N  L  Y
```

CHẤP NHẬN	LÒNG TỐT
CHÚ Ý	TÂM THẦN
THỞ	LÍ TRÍ
LẶNG	PHONG TRÀO
RÕ RÀNG	ÂM NHẠC
THƯƠNG HẠI	THIÊN NHIÊN
CẢM XÚC	HÒA BÌNH
LÒNG BIẾT ƠN	QUAN ĐIỂM
THÓI QUEN	IM LẶNG
HẠNH PHÚC	SUY NGHĨ

7 - Days and Months

```
T  H  Ứ  B  A  C  Ó  T  H  Ể  T  T  H
H  V  A  B  L  Ị  C  H  B  N  H  P  H  A
Á  T  H  Á  N  G  9  Á  K  O  Ứ  K  Á  C
N  H  T  M  Ă  U  Q  N  A  G  N  D  N  H
G  Ứ  U  H  M  U  P  G  T  T  Ă  U  G  Ủ
B  B  Ầ  I  Ứ  M  G  M  T  H  M  V  S  N
Ả  Ả  N  B  Y  S  Q  Ộ  U  Á  Ứ  I  Á  H
Y  Y  L  O  K  T  Á  T  B  N  Y  H  U  Ậ
T  I  N  Y  D  P  C  U  L  G  R  C  A  T
L  B  G  C  B  M  Q  N  T  H  Á  N  G  I
L  V  À  L  L  M  B  T  H  A  G  Y  G  H
I  R  Y  P  I  C  Y  O  C  I  L  T  L  N
L  A  A  T  H  Á  N  G  M  Ư  Ờ  I  Q  Q
T  H  Ứ  T  Ư  T  H  Á  N  G  T  Ư  L  G
```

THÁNG TƯ	THÁNG
NGÀY	THÁNG MƯỜI
LỊCH	THỨ BẢY
THÁNG HAI	THÁNG 9
THỨ SÁU	CHỦ NHẬT
THÁNG MỘT	THỨ NĂM
THÁNG BẢY	THỨ BA
THÁNG SÁU	THỨ TƯ
CÓ THỂ	TUẦN
THỨ HAI	NĂM

8 - Chess

```
N  G  Ư  Ờ  I  C  H  Ơ  I  Đ  U  V  Đ  T
N  D  M  P  Y  D  Y  B  Q  I  Y  R  E  H
C  Ữ  Q  K  B  Q  U  Y  H  Ể  R  L  N  Ờ
Đ  U  H  P  T  H  Ô  N  G  M  I  N  H  I
Q  Ố  Ộ  O  Q  U  Á  N  Q  U  Â  N  Đ  G
U  D  I  C  À  K  B  Y  P  V  C  I  Ư  I
Y  I  T  T  N  Q  H  V  A  A  M  Ờ  A
T  Q  H  R  H  H  G  N  M  A  C  M  N  N
Ắ  B  Ụ  Ò  I  Ủ  I  G  Y  M  M  B  G  B
C  I  Đ  C  C  H  I  Ế  N  L  Ư  Ợ  C  G
M  B  Ộ  H  Y  S  I  N  H  B  P  G  H  V
Q  O  N  Ơ  N  L  C  U  V  Y  R  R  É  L
P  L  G  I  Ả  I  Đ  Ấ  U  U  B  L  O  V
M  K  H  T  R  Ắ  N  G  A  O  I  H  U  G
```

ĐEN
QUÁN QUÂN
THÔNG MINH
CUỘC THI
ĐƯỜNG CHÉO
TRÒ CHƠI
VUA
ĐỐI THỦ
THỤ ĐỘNG

NGƯỜI CHƠI
ĐIỂM
NỮ HOÀNG
QUY TẮC
HY SINH
CHIẾN LƯỢC
THỜI GIAN
GIẢI ĐẤU
TRẮNG

9 - Food #2

```
C  À  T  Í  M  B  U  A  Y  Q  U  G  C  L
T  À  T  Á  O  K  K  D  V  U  G  I  Ầ  C
D  P  C  O  R  D  M  H  U  Ả  P  Ă  N  O
S  C  Á  H  U  L  H  L  I  A  L  M  T  P
A  Ô  T  I  U  Ú  T  R  Ứ  N  G  B  Â  A
M  T  C  M  C  A  D  L  C  H  T  Ô  Y  Q
U  H  I  Ô  Q  M  Q  N  H  Đ  U  N  H  O
K  C  M  S  L  Ì  L  Y  U  À  P  G  V  L
C  Q  P  K  Ô  A  C  Y  Ố  O  P  G  K  L
M  M  A  Y  Q  U  Ả  K  I  W  I  Q  I  T
S  Ữ  A  C  H  U  A  I  C  G  A  G  A  H
U  Y  P  Q  K  R  O  Q  Q  À  C  Ạ  P  T
B  Ô  N  G  C  Ả  I  X  A  N  H  O  H  R
I  G  N  Ấ  M  P  H  Ô  M  A  I  R  N  O
```

TÁO	CÀ TÍM
ATISÔ	CÁ
CHUỐI	NHO
BÔNG CẢI XANH	GIĂM BÔNG
CẦN TÂY	QUẢ KIWI
PHÔ MAI	NẤM
QUẢ ANH ĐÀO	GẠO
GÀ	CÀ CHUA
SÔ CÔ LA	LÚA MÌ
TRỨNG	SỮA CHUA

10 - Family

```
O D K C H Á U N O A P H G H
U Q Y P P M B C H A L P G T
U T R G C U I A T K D H N H
O C O N G K I Q N L M T M Ờ
A O E M G Á I C A C L Ẹ K I
U N C H Á U T R A I B A P T
N G H C H Ồ N G I M D Q R H
C Á Á T P U M O P D G K D Ơ
P I U Ổ R Ô N G D C H Ú V Ấ
B À G T V A M P Ì D K G Ợ U
T G Á I A U I Q V H Y O M V
U V I Ê P M C T N O V M H I
K U D N P L Y R T R Ẻ E M Y
E M H Ọ T B N N K T A C C U
```

TỔ TIÊN   CHÁU TRAI
DÌ   CHỒNG
ANH TRAI   MẸ
CON   CHÁU
THỜI THƠ ẤU   CHÁU GÁI
TRẺ EM   CHA
EM HỌ   EM GÁI
CON GÁI   CHÚ
ÔNG   VỢ
BÀ

11 - Farm #1

```
N O L C N H C O N Q U Ạ P H
L P L ỏ M Ô O A G N C H Ó Ạ
Y Y R K Ậ R N D Ự Ư M Y B T
V L U H T P O G A ớ Y O Ò G
B R M Ô O I N À N C O V R I
T R Ư Ờ N G G Ạ O G V O Ừ Ố
D Ê N Q G M G N I I H C N N
O R V I P H Â N B Ó N I G G
N B Ắ P C H Â N Ò N A D Ễ I
K C Y I O M K C O N M È O P
E V Y G M T M G B R U C O D
Y D Q O N U H À N G R À O Y
K C C Q R B C Q Q H U V K C
V U H O P O O N V Q H T T H
```

NÔNG NGHIỆP   HÀNG RÀO
CON ONG   PHÂN BÓN
BÒ RỪNG   TRƯỜNG
BẮP CHÂN   DÊ
CON MÈO   CỎ KHÔ
GÀ   MẬT ONG
BÒ   NGỰA
CON QUẠ   GẠO
CHÓ   HẠT GIỐNG
DONKEY   NƯỚC

12 - Camping

```
Q M M Y U Q I O P D C M L U
P Y D N P M P M U Y Ô M A T
V Õ N G D Â Y T H Ừ N G B H
I Q A P T X H B Ồ D T P À I
L Ề U R H A U T Y G R L N Ê
B G B Ử I O T Ồ M U Ù A M N
N R C N Ế I V C N M N Y Ặ N
H H C G T V T A H G G N T H
Q Y B Q B B U B T R M Ú T I
C Â Y Ả Ị T Y I U R Y I R Ê
B O S Ă N B Ắ N V I L V Ă N
A N N M U Đ C U K Ẻ I I N R
L Ử A P A A Ồ A D N L M G A
Đ Ộ N G V Ậ T C Q Q D Ũ Q I
```

ĐỘNG VẬT	SĂN BẮN
CABIN	CÔN TRÙNG
XUỒNG	HỒ
LA BÀN	BẢN ĐỒ
THIẾT BỊ	MẶT TRĂNG
LỬA	NÚI
RỪNG	THIÊN NHIÊN
VUI VẺ	DÂY THỪNG
VÕNG	LỀU
MŨ	CÂY

13 - Conservation

```
M  H  B  H  Ữ  U  C  Ơ  R  U  H  A  M  B
D  L  Ề  K  M  V  T  V  G  D  Ó  X  Ô  K
T  Ì  N  H  N  G  U  Y  Ễ  N  A  A  I  L
H  Y  V  Í  Ư  I  H  M  Q  U  C  N  T  B
U  C  Ữ  H  Ớ  Á  Ẽ  Ô  U  P  H  H  R  T
Ố  R  N  Ậ  C  O  S  V  N  B  Ấ  D  Ư  Ự
C  U  G  U  A  D  I  T  N  H  T  B  Ờ  N
T  G  I  K  H  Ụ  N  N  O  O  I  D  N  H
R  D  Ả  I  L  C  H  Y  C  O  Y  Ễ  G  I
Ừ  R  M  Y  P  B  T  X  E  Đ  Ạ  P  M  Ê
S  A  S  Ứ  C  K  H  Ỏ  E  Y  B  K  O  N
Â  K  K  T  N  H  Á  T  H  A  Y  Đ  Ổ  I
U  H  O  U  I  Y  I  P  Q  C  K  K  P  G
T  Á  I  C  H  Ế  N  D  G  V  V  U  C  L
```

THAY ĐỔI	TỰ NHIÊN
HÓA CHẤT	HỮU CƠ
KHÍ HẬU	THUỐC TRỪ SÂU
XE ĐẠP	Ô NHIỄM
HỆ SINH THÁI	TÁI CHẾ
GIÁO DỤC	GIẢM
MÔI TRƯỜNG	BỀN VỮNG
XANH	TÌNH NGUYỆN
SỨC KHỎE	NƯỚC

14 - Cats

```
B  V  I  U  S  Ợ  I  Đ  V  Y  U  T  G  Q
O  R  A  R  V  M  D  I  C  D  T  B  U  C
R  I  Đ  Đ  U  Ô  I  Ê  H  H  M  U  V  K
H  D  Ộ  G  I  Y  Y  N  U  D  Â  Ồ  N  O
T  V  C  Á  T  Í  N  H  Ộ  A  D  N  I  V
N  D  L  P  Ư  T  H  R  T  D  C  C  Q  P
R  Q  Ậ  H  Ơ  P  Ú  Q  L  B  D  Ư  T  G
G  A  P  O  I  O  T  T  U  N  C  Ờ  N  C
N  P  C  A  B  D  N  Ò  H  U  Q  I  M  U
M  U  N  N  K  H  H  V  M  Ợ  M  K  N  T
M  C  H  G  O  Q  Á  T  K  Ò  S  M  G  Q
R  U  A  D  Q  M  T  H  H  I  L  Ă  Ủ  O
U  I  N  Ã  L  N  V  I  P  L  T  Ř  N  G
V  N  H  L  K  U  I  A  H  T  M  O  R  Q
```

ĐIÊN	CHÂN
TÒ MÒ	CÁ TÍNH
NHANH	VUI TƯƠI
BUỒN CƯỜI	NHÚT NHÁT
THỢ SĂN	NGỦ
ĐỘC LẬP	ĐUÔI
ÍT	HOANG DÃ
CHUỘT	SỢI

15 - Numbers

```
M  Ư  Ờ  I  B  Ố  N  R  R  M  M  U  V  N
A  Y  T  R  Ả  M  R  M  B  Ư  Ư  B  K  M
M  U  P  M  Y  R  M  T  C  Ờ  Ở  H  C  G
I  Ư  A  C  T  Á  M  D  P  I  I  H  A  I
M  H  Ờ  Q  C  H  Í  N  M  L  C  A  N  U
Y  Ộ  A  I  B  V  Ậ  P  G  Ă  H  I  N  C
M  T  T  I  B  M  N  P  T  M  Í  M  T  P
H  M  K  N  C  A  T  U  P  C  N  Ữ  Y  M
M  Ư  Ờ  I  T  Á  M  O  P  H  L  Ơ  I  R
R  Ờ  M  K  Y  I  D  N  S  D  Â  I  K  T
Y  I  H  B  N  M  A  O  Á  B  Ố  N  L  T
L  S  H  H  I  Ư  N  Y  U  A  I  M  U  D
G  Á  N  Ă  M  Ờ  M  Ư  Ờ  I  B  Ả  Y  D
R  U  U  A  Y  I  M  Ư  Ờ  I  H  A  I  D
```

THẬP PHÂN	BẢY
TÁM	MƯỜI BẢY
MƯỜI TÁM	SÁU
MƯỜI LĂM	MƯỜI SÁU
NĂM	MƯỜI
BỐN	MƯỜI BA
MƯỜI BỐN	BA
CHÍN	MƯỜI HAI
MƯỜI CHÍN	HAI MƯƠI
MỘT	HAI

16 - Spices

```
O  T  H  Ì  L  À  Y  C  C  Â  Y  H  Ồ  I
C  H  N  G  H  Ệ  T  Â  Y  L  N  Ư  Đ  D
H  Ả  C  R  B  U  A  Ý  L  C  Q  Ơ  I  H
C  O  N  Đ  Ắ  N  G  T  G  C  U  N  N  N
T  Q  V  H  C  N  Ừ  H  À  N  H  G  H  K
M  U  Ố  I  Ụ  G  N  Ì  T  Ỏ  I  V  H  M
N  Ả  U  Q  C  C  G  L  L  Y  A  Ị  Ư  O
C  À  R  I  N  Ỏ  Đ  À  Y  I  R  I  Ơ  C
C  L  C  L  G  H  C  Ậ  R  V  V  A  N  I
V  L  Y  A  Ọ  A  B  À  U  A  C  B  G  R
Q  M  H  I  T  L  K  L  R  K  U  O  P  B
P  P  A  N  H  U  Q  U  Ế  I  H  M  P  A
Ớ  T  C  Ự  A  G  À  Q  C  U  A  Ấ  Ù  Y
G  U  Y  V  R  R  B  G  R  N  R  T  U  I
```

CÂY HỒI	HƯƠNG VỊ
ĐẮNG	TỎI
THẢO QUẢ	GỪNG
QUẾ	NHỤC ĐẬU KHẤU
ĐINH HƯƠNG	HÀNH
RAU MÙI	ỚT CỰA GÀ
CÂY THÌ LÀ	NGHỆ TÂY
CÀ RI	MUỐI
THÌ LÀ	NGỌT
CỎ CÀ RI	VANI

17 - Mammals

```
K A N G A R O O C O N V O I
N A O G B U I D C H Ó S Ó I
Y P N G Ự A V Ằ N D Ó K N B
K G G Y B A C N S R Y R Q Ò
H Ư Ơ U C A O C Ổ Ư G Ấ U Đ
A H O Y I B N H A K T H B Ự
K Q V H U C M C Ừ U H Ử U C
H Ả I L Y Á È Á A H Ỏ U B Y
Ỉ V D R V V O H T M T T A R
Đ Y C K N O Q E H L L Q O Y
Ộ H Á G K I K O K V N K H Ỉ
T M O N M M M L O G G L C M
M P L L V D K R O U P N O I
A P M C P C O Y O T E O K T
```

GẤU   KHỈ ĐỘT
HẢI LY   NGỰA
BÒ ĐỰC   KANGAROO
CON MÈO   SƯ TỬ
COYOTE   KHỈ
CHÓ   THỎ
CÁ HEO   CỪU
CON VOI   CÁ VOI
CÁO   CHÓ SÓI
HƯƠU CAO CỔ   NGỰA VẰN

18 - Fishing

```
B  Q  P  R  K  M  Ồ  I  P  K  V  M  T  T
B  Ã  G  G  C  Ó  B  P  T  I  Â  Ù  G  H
R  K  I  U  R  C  K  K  H  Ê  Y  A  T  U
G  O  A  B  M  H  T  R  I  N  Ư  Ớ  C  Y
O  K  B  A  I  A  I  P  Ế  N  H  A  Â  Ề
I  G  L  P  K  Ể  N  H  T  H  Ồ  H  N  N
M  U  H  P  H  N  N  G  B  Ã  V  K  N  U
Đ  Ạ  I  D  Ư  Ơ  N  G  Ị  N  G  B  Ặ  K
Q  H  P  Â  O  M  R  I  O  N  U  I  N  A
P  P  R  Y  Q  C  P  K  Q  K  S  T  G  Y
U  D  N  O  N  N  Ấ  U  K  H  T  Ô  U  D
H  M  O  A  U  N  C  K  O  Q  A  D  N  O
À  G  Q  N  A  L  N  L  D  B  H  P  T  G
M  P  H  Ó  N  G  Đ  Ạ  I  C  Á  I  R  Ổ
```

MỒI	HÀM
CÁI RỔ	HỒ
BÃI BIỂN	ĐẠI DƯƠNG
THUYỀN	KIÊN NHẪN
NẤU	SÔNG
THIẾT BỊ	MÙA
PHÓNG ĐẠI	NƯỚC
VÂY	CÂN NẶNG
MANG	DÂY
MÓC	

19 - Restaurant #1

```
B  T  H  Ự  C  Đ  Ơ  N  Ư  Ớ  C  X  Ố  T
Á  I  H  G  R  H  G  H  C  À  P  H  Ê  K
N  K  R  À  L  H  R  À  C  A  Y  P  V  I
H  D  Ị  Ứ  N  G  À  B  T  H  Ị  T  G  R
M  B  T  Đ  Ữ  H  B  Ế  T  H  Ứ  C  Ă  N
Ì  C  Á  Ặ  P  N  P  P  V  T  U  B  C  A
A  Đ  K  T  H  B  G  H  M  T  B  U  A  K
P  Ĩ  R  P  Ụ  C  Y  R  Ầ  D  C  U  A  K
C  A  N  H  C  Q  D  C  A  N  T  R  N  H
Q  M  L  Ò  V  L  D  R  B  H  B  R  B  Ă
D  C  N  N  Ụ  H  V  D  U  B  R  R  A  N
A  A  P  G  H  P  Q  L  A  D  I  R  N  Ă
D  U  O  V  I  A  N  L  P  N  M  H  P  N
A  U  T  T  M  H  B  T  D  H  M  T  K  L
```

DỊ ỨNG	THỊT
BÁT	THỰC ĐƠN
BÁNH MÌ	KHĂN ĂN
GÀ	ĐĨA
CÀ PHÊ	ĐẶT PHÒNG
THỨC ĂN	NƯỚC XÓT
THÀNH PHẦN	CAY
NHÀ BẾP	NỮ PHỤC VỤ
DAO	

20 - Bees

```
M C L G U I P T Q L M K D C
Y Ó L B V Y P H H S Á P U H
R L M R R M C O Ấ Ứ T U M L
Q Ợ G T P O R A C N C Â Y G
Đ I B G D B Q Y M O H Ă N V
N A M Ậ T O N G B G M O N Ư
Ữ I D T H Ụ P H Ấ N C R A Ờ
H B K Ạ C Ô N T R Ù N G I N
O Y C Á N H Ọ P L Ạ I C P C
À M R M L G T R Á I C Â Y U
N K N H U C K C B H I V E N
G H Ệ S I N H T H Á I M C B
M I H C O I Ó M H G L P R R
M Ặ T T R Ờ I L I H M R Y M
```

CÓ LỢI	CÂY
ĐA DẠNG	PHẤN HOA
HỆ SINH THÁI	THỤ PHẤN
HOA	NỮ HOÀNG
THỨC ĂN	KHÓI
TRÁI CÂY	MẶT TRỜI
VƯỜN	HỌP LẠI
HIVE	SÁP
MẬT ONG	CÁNH
CÔN TRÙNG	

21 - Sports

```
K  N  T  B  U  Đ  N  H  B  L  Ự  C  S  Ĩ
H  G  G  R  I  Ộ  L  H  Ó  T  T  P  Â  B
Ú  Ư  Y  U  Ọ  I  Y  P  N  H  R  H  N  Ó
C  Ờ  I  U  H  N  K  H  G  Ể  Ò  O  V  N
C  I  C  M  M  P  G  Q  R  D  C  N  Ậ  G
Ô  C  G  H  P  B  O  T  Ổ  Ụ  H  G  N  C
N  H  R  Y  Ứ  T  L  Q  À  C  Ơ  T  Đ  H
C  Ơ  R  I  M  C  F  B  U  I  I  R  Ộ  À
Ẵ  I  Q  U  Ằ  N  V  Ợ  T  U  O  À  N  Y
U  X  V  U  T  Q  A  Ô  U  N  H  O  G  V
B  E  T  Y  D  I  B  S  Đ  M  D  N  V  K
P  Đ  G  R  U  P  A  D  I  Ị  P  C  O  N
C  Ạ  M  H  A  C  Y  I  O  U  C  Y  P  C
D  P  N  P  Y  Q  Q  I  V  V  M  H  C  T
```

LỰC SĨ	THỂ DỤC
BÓNG CHÀY	KHÚC CÔN CẦU
BÓNG RỔ	PHONG TRÀO
XE ĐẠP	NGƯỜI CHƠI
CHỨC VÔ ĐỊCH	TRỌNG TÀI
TRÒ CHƠI	SÂN VẬN ĐỘNG
GOLF	ĐỘI
GYMNASIUM	QUẦN VỢT

22 - Weather

```
B  D  B  O  H  Ạ  N  H  Á  N  L  I  C  L
C  Ầ  U  V  Ồ  N  G  H  G  G  Ũ  D  Ơ  Ố
K  O  U  H  K  I  C  H  I  I  L  D  N  C
H  T  U  T  B  R  S  K  Ó  Ẽ  Ụ  I  B  X
Ô  S  G  V  R  R  É  N  M  B  T  U  Ã  O
N  A  Ấ  Y  N  Ờ  T  Ư  Ù  P  K  Đ  O  Á
G  I  Ó  M  O  L  I  Ớ  A  L  P  B  Ớ  Y
K  P  K  U  S  M  A  C  Ự  C  R  H  P  I
H  Y  P  M  Q  É  I  Đ  Á  M  M  Â  Y  N
Í  V  H  B  Ã  O  T  Á  P  K  C  V  R  U
S  Ư  Ơ  N  G  M  Ù  T  K  H  Í  H  Ậ  U
N  H  I  Ệ  T  Đ  Ộ  M  R  Ô  Y  I  A  Y
T  H  M  L  M  U  O  C  H  T  O  L  O  G
D  I  A  N  A  K  H  G  I  D  O  G  M  U
```

KHÔNG KHÍ	GIÓ MÙA
KHÍ HẬU	CỰC
ĐÁM MÂY	CẦU VỒNG
HẠN HÁN	BẦU TRỜI
KHÔ	BÃO TÁP
LŨ LỤT	NHIỆT ĐỘ
SƯƠNG MÙ	SẤM SÉT
CƠN BÃO	LỐC XOÁY
NƯỚC ĐÁ	NHIỆT ĐỚI
SÉT	GIÓ

23 - Adventure

```
Q  C  P  A  N  T  O  À  N  U  T  D  K  N
V  Ẻ  Đ  Ẹ  P  I  K  I  I  A  K  Ã  H  I
H  D  N  H  P  Q  Ề  B  H  P  C  N  Ó  O
A  Ă  U  G  H  N  N  M  A  A  Ơ  Đ  K  C
D  U  L  U  U  A  Ớ  V  U  H  Ư  H  H
H  I  Y  G  N  Y  M  I  P  U  Ộ  Ờ  Ă  U
R  O  V  G  H  O  H  V  B  U  I  N  N  Ẩ
B  Ạ  N  B  È  Á  Y  I  A  V  N  G  Đ  N
V  K  A  G  I  C  I  B  Ể  M  C  M  I  B
H  À  N  H  T  R  Ì  N  H  M  B  P  Ể  !
D  C  L  Y  B  V  Y  D  M  T  K  Q  M  G
C  Y  U  I  C  Y  Q  Q  K  Y  M  B  Đ  A
Đ  T  H  I  Ê  N  N  H  I  Ê  N  Q  Ế  L
I  K  Q  V  H  R  H  O  Ạ  T  Đ  Ộ  N  G
```

HOẠT ĐỘNG	HÀNH TRÌNH
VẺ ĐẸP	NIỀM VUI
CƠ HỘI	THIÊN NHIÊN
NGUY HIỂM	DẪN ĐƯỜNG
ĐIỂM ĐẾN	MỚI
KHÓ KHĂN	CHUẨN BỊ
HĂNG HÁI	AN TOÀN
BẠN BÈ	ĐI

24 - Circus

```
R  K  H  Ỉ  R  K  Q  G  N  A  N  Q  H  M
A  N  Q  R  O  C  H  B  L  C  I  Y  A  A
O  A  G  C  C  O  N  H  Ổ  R  T  Q  D  T
G  K  Â  A  H  A  S  B  B  O  R  Y  P  H
G  K  M  K  T  Ỉ  Ư  C  Ó  B  A  L  Ề  U
Đ  Ộ  N  G  V  Ậ  T  O  N  A  N  N  K  Ậ
C  B  H  K  L  Y  Ử  N  G  T  G  D  K  T
K  P  Ạ  H  Ẹ  Ừ  O  V  B  U  P  Q  H  K
K  Q  C  G  U  O  A  O  A  N  H  V  Á  Đ
Y  C  V  G  H  I  Q  I  Y  G  Ụ  B  N  Ẹ
N  N  T  C  O  T  V  A  Y  H  C  K  G  P
N  N  N  Y  M  C  R  Y  L  Ứ  G  H  I  M
M  P  K  V  M  C  M  N  P  N  P  T  Ả  Ắ
H  C  Q  É  B  V  R  U  Y  G  Q  R  B  T
```

ACROBAT	KHỈ
ĐỘNG VẬT	ÂM NHẠC
BÓNG BAY	CHỈ
KẸO	ĐẸP MẮT
TRANG PHỤC	KHÁN GIẢ
CON VOI	LỀU
TUNG HỨNG	VÉ
SƯ TỬ	CON HỔ
MA THUẬT	LỪA

25 - Tools

```
P  K  E  O  R  T  H  A  N  G  Y  L  L  G
L  V  P  B  B  V  A  U  G  H  N  R  V  H
Q  N  Q  M  T  R  P  G  Ọ  G  U  Ì  Q  D
V  K  O  Y  O  D  X  Ẻ  N  G  I  U  D  L
Y  O  M  P  H  C  Q  T  Đ  L  P  Ấ  Â  C
Q  P  R  O  P  Q  R  N  U  U  C  U  Y  D
I  L  L  P  C  G  V  B  Ố  B  V  Í  T  D
R  G  U  B  T  T  B  M  C  Q  B  H  H  B
Y  V  T  R  U  L  T  K  Y  G  R  R  Ừ  Á
M  P  N  M  R  B  Y  O  T  U  N  K  N  N
T  U  T  P  G  I  G  K  É  O  M  A  G  H
B  B  K  D  O  U  K  B  Ì  V  K  N  A  X
U  Ú  Q  A  P  G  C  Á  P  M  P  Y  D  E
C  D  A  O  C  Ạ  O  L  O  L  V  Ồ  P  R
```

RÌU	DAO CẠO
CÁP	DÂY THỪNG
KEO	KÉO
BÚA	VÍT
DAO	XẺNG
THANG	GIẤY
VỒ	NGỌN ĐUỐC
KÌM	BÁNH XE

26 - Restaurant #2

```
C  Á  I  N  Ĩ  A  S  A  L  A  D  C  M  V
Y  Q  M  A  G  B  H  L  R  T  P  Á  U  N
I  N  R  N  I  C  Ă  V  G  R  B  N  Ố  R
N  G  O  N  A  N  Á  N  G  Ứ  T  U  I  P
D  Y  D  T  V  Ư  A  I  G  N  B  Á  N  H
V  Y  I  L  Ị  Ớ  L  P  T  G  Q  R  O  C
Q  P  G  U  V  C  Y  H  R  H  C  B  N  D
R  A  U  P  T  I  C  Ụ  Á  Ế  Ì  Ữ  B  R
Q  Y  Q  O  H  N  S  C  I  R  H  A  P  P
Đ  Ồ  U  Ố  N  G  Ú  V  C  A  Q  T  B  A
U  I  D  K  Y  B  P  Ụ  Â  M  N  Ố  B  U
B  Ữ  A  T  R  Ư  A  N  Y  V  V  I  V  N
Y  H  M  C  G  O  L  A  D  Q  M  H  T  U
A  M  L  D  Q  V  R  M  Ì  N  R  M  Y  M
```

ĐỒ UỐNG	BỮA TRƯA
BÁNH	MÌ
GHẾ	SALAD
NGON	MUỐI
BỮA TỐI	SÚP
TRỨNG	GIA VỊ
CÁ	CÁI THÌA
CÁI NĨA	RAU
TRÁI CÂY	PHỤC VỤ NAM
BĂNG	NƯỚC

27 - Geology

```
M  H  H  Ó  A  T  H  Ạ  C  H  R  T  C  K
Q  S  A  N  H  Ô  D  A  H  H  R  H  A  H
V  T  I  N  H  T  H  Ể  X  N  B  Ạ  L  O
C  A  O  N  G  U  Y  Ê  N  I  R  C  C  Á
D  T  L  Ụ  C  Đ  Ị  A  L  A  T  H  I  N
U  L  K  C  M  Ộ  Ộ  H  Ớ  C  V  A  U  G
N  H  M  K  V  N  A  N  P  N  U  N  M  S
G  N  H  Đ  V  G  R  Ó  G  A  O  H  R  Ả
N  Q  X  L  Á  Đ  H  N  H  Ũ  Đ  Á  Q  N
H  M  Ó  U  L  Ấ  I  G  N  Q  U  G  U  Ú
A  C  I  G  O  T  I  C  H  U  K  Ỳ  A  I
M  A  M  U  Ố  I  B  H  P  H  P  R  Y  L
A  I  Ò  G  U  U  M  Ả  U  O  I  B  P  Ử
G  R  N  B  D  Q  V  Y  T  K  H  U  L  A
```

AXIT	DUNG NHAM
CALCIUM	LỚP
HANG ĐỘNG	KHOÁNG SẢN
LỤC ĐỊA	NÓNG CHẢY
SAN HÔ	CAO NGUYÊN
TINH THỂ	THẠCH ANH
CHU KỲ	MUỐI
ĐỘNG ĐẤT	NHŨ ĐÁ
XÓI MÒN	ĐÁ
HÓA THẠCH	NÚI LỬA

28 - House

```
G A R A V B M V M C A H P C
Y G L C P Ò Á G U Y Q T Q C
D T Đ Ồ N Ộ I T H Ấ T H D L
V L È P I Q N H T C H Ổ I I
S À N N H À H Ư O Ử C A V Y
V Y C H À R À V P A R D T N
G D H À N O O I R H S B Ư G
Á O Ì B G H Q Ễ Q È Ò E Ờ V
C V A Ế R L Y N G A M N N Ư
X V K P À L Ò S Ư Ở I C G Ờ
É V H U O V G M Ơ H A Ử Ử N
P Q Ó O N Q O L N L C A O A
B V A U V R Q B G Q M S U A
K H U D R H H M H M N Ổ H D
```

GÁC XÉP

CHỔI

RÈM CỬA

CỬA

HÀNG RÀO

LÒ SƯỞI

SÀN NHÀ

ĐỒ NỘI THẤT

GA-RA

VƯỜN

CHÌA KHÓA

NHÀ BẾP

ĐÈN

THƯ VIỆN

GƯƠNG

MÁI NHÀ

PHÒNG

VÒI HOA SEN

TƯỜNG

CỬA SỔ

29 - Bathroom

```
V  V  B  H  B  D  N  C  K  D  V  R  K  N
A  Ò  Ò  A  P  U  C  O  B  Ầ  D  V  Q  H
N  A  I  I  K  C  H  Ì  M  U  H  G  I  À
T  K  B  H  É  U  N  D  C  G  K  H  L  V
H  P  Ồ  Ơ  O  V  T  Ư  D  Ộ  O  T  O  Ễ
C  D  N  I  R  A  H  D  Ớ  I  B  R  T  S
B  T  T  N  Y  M  S  P  R  C  T  P  I  I
O  B  Ắ  Ư  D  T  Y  E  Q  I  H  M  O  N
N  H  M  Ớ  D  Q  A  O  N  H  Ả  O  N  H
G  A  A  C  Q  Q  N  C  V  L  M  C  A  N
B  Ọ  T  B  I  Ể  N  K  H  Ă  N  N  A  D
Ó  X  À  P  H  Ò  N  G  C  K  O  Ư  Q  V
N  N  Y  Y  V  C  G  B  B  N  C  Ớ  B  O
G  Ư  Ơ  N  G  K  A  V  Q  B  Y  C  U  T
```

BỒN TẮM
BONG BÓNG
VÒI
LOTION
GƯƠNG
NƯỚC HOA
THẢM
KÉO
DẦU GỘI

VÒI HOA SEN
CHÌM
XÀ PHÒNG
BỌT BIỂN
HƠI NƯỚC
NHÀ VỆ SINH
KHĂN
NƯỚC

30 - School #1

```
T  H  Ư  V  I  Ễ  N  S  Á  C  H  P  V  A
T  Q  Q  Q  L  B  Ú  T  B  Â  V  B  T  N
I  U  N  N  P  Ữ  P  G  Ú  U  U  Ả  A  A
T  H  I  B  L  A  Y  K  T  T  I  N  M  Q
M  H  D  U  V  T  Đ  Ọ  C  R  V  G  D  C
B  Ô  Ư  Y  O  R  G  R  H  Ả  Ẻ  C  G  D
G  À  N  M  N  Ư  S  Ố  Ì  L  G  H  Ế  C
P  Q  N  T  Ụ  A  N  Q  Y  Ờ  I  Ữ  N  O
V  R  A  V  O  C  B  G  R  I  Á  C  V  O
G  C  Q  T  K  Á  Ạ  N  G  R  O  Á  R  Y
I  A  G  M  M  D  N  Q  T  L  V  I  H  K
Ấ  Y  D  I  Y  V  B  T  P  T  I  N  A  T
Y  O  U  K  T  T  È  C  V  D  Ê  H  O  I
L  Ớ  P  H  Ọ  C  Đ  Ố  U  C  N  N  L  P
```

BẢNG CHỮ CÁI   THƯ VIỆN
CÂU TRẢ LỜI   BỮA TRƯA
SÁCH   MÔN TOÁN
GHẾ   SỐ
LỚP HỌC   GIẤY
BÀN   BÚT CHÌ
THI   BÚT
THƯ MỤC   ĐỐ
BẠN BÈ   GIÁO VIÊN
VUI VẺ   ĐỌC

31 - Dance

```
Â  M  Đ  C  N  H  Ả  Y  C  I  G  Q  V  P
M  N  Ố  H  M  V  V  K  T  L  G  U  B  H
N  G  I  O  V  K  Ă  P  Ư  D  U  L  B  O
H  H  T  R  U  Y  Ề  N  T  H  Ố  N  G  N
Ạ  Ễ  Á  E  H  M  N  A  H  P  B  V  C  G
C  T  C  O  Ọ  I  M  H  Ế  Ó  N  Ă  I  T
B  H  Ơ  G  C  C  I  A  Ị  B  A  N  P  R
V  U  T  R  V  Ả  T  A  I  P  Q  H  Y  À
T  Ậ  H  A  I  M  Q  Y  G  Q  K  O  Y  O
O  T  Ể  P  Ễ  X  P  G  R  N  U  Á  Y  T
U  I  B  H  N  Ú  C  Ổ  Đ  I  Ể  N  Q  K
C  N  N  Y  D  C  V  U  I  V  Ẻ  N  I  P
A  Q  T  R  Ự  C  Q  U  A  N  M  O  C  V
D  V  R  P  V  D  A  U  C  M  N  M  C  G
```

HỌC VIỆN   VUI VẺ
NGHỆ THUẬT   NHẢY
CƠ THỂ   PHONG TRÀO
CHOREOGRAPHY   ÂM NHẠC
CỔ ĐIỂN   ĐỐI TÁC
VĂN HÓA   TƯ THẾ
VĂN HOÁ   NHỊP
CẢM XÚC   TRUYỀN THỐNG
ÂN   TRỰC QUAN

32 - Colors

```
K K Y O Đ M X V G Y G V X H
Đ N H R E À Á N Â U Đ Ỏ A O
N Ỏ V P N U M M H V P V N C
T I M N A V À C À A U V H V
C H À M G À U M À U B E Ồ N
A K L D H N T À T B X M N M
M R Q U U G Í U O H V A G O
L O A A I G M N M I B R N R
F U C H S I A Â A Z U R E H
M A G E N T A U T V R O I U
D G U K A P P P K R C P N Y
A O A L D P K A I B Ắ G C C
C B C B Y C K H D A I N T G
D N Y M N M N U Y C V Q G L
```

AZURE	MAGENTA
MÀU BE	CAM
ĐEN	HỒNG
MÀU XANH	MÀU TÍM
MÀU NÂU	ĐỎ
FUCHSIA	NÂU ĐỎ
XANH	TRẮNG
XÁM	MÀU VÀNG
CHÀM	

33 - Climbing

```
G  O  M  T  V  Q  R  K  K  P  G  Y  C  C
Ă  V  Ũ  S  Ứ  C  M  Ạ  N  H  I  I  H  H
N  B  B  I  L  I  D  B  N  K  À  B  U  Ấ
G  A  Ả  A  P  S  K  G  R  B  Y  O  Y  N
T  R  O  O  L  P  Ự  M  G  Q  Ố  K  Ê  T
A  M  H  H  L  V  Ậ  T  L  Ý  N  H  N  H
Y  N  I  A  H  N  U  M  Ò  Q  G  Ô  G  Ư
T  Ổ  Ể  N  Ẹ  Ư  G  B  U  M  M  N  I  Ơ
G  N  M  G  P  M  Ớ  Ả  T  K  Ò  G  A  N
D  Đ  À  O  T  Ạ  O  N  M  P  T  K  L  G
C  Ị  Ộ  G  T  D  Q  Đ  G  A  I  H  K  P
Y  N  V  C  R  N  L  Ồ  O  D  O  Í  U  Q
Y  H  R  A  A  L  L  Q  P  N  Ã  R  Q  P
M  C  Q  N  V  O  B  T  U  R  G  N  D  Y
```

ĐỘ CAO	MŨ BẢO HIỂM
KHÔNG KHÍ	CHẤN THƯƠNG
GIÀY ỐNG	BẢN ĐỒ
HANG	HẸP
SỰ TÒ MÒ	VẬT LÝ
CHUYÊN GIA	ỔN ĐỊNH
GĂNG TAY	SỨC MẠNH
HƯỚNG DẪN	ĐÀO TẠO

34 - Shapes

```
Đ  V  H  N  B  C  P  K  M  H  K  T  Q  N
H  Ư  N  Ì  Ê  Ầ  N  T  U  L  I  A  U  H
Ì  M  Ờ  D  N  U  B  N  H  N  M  M  Ả  P
N  L  Ă  N  G  H  D  N  D  V  T  G  N  P
H  K  V  P  G  N  T  C  P  Ò  Ự  I  G  A
C  H  Ò  K  Ó  C  G  R  H  N  T  Á  T  H
H  C  N  T  C  Ạ  O  L  Ụ  G  H  C  R  H
Ữ  I  G  N  M  N  C  N  K  T  Á  H  Ư  U
N  V  H  I  T  H  I  Q  G  R  P  V  Ờ  N
H  K  R  H  À  N  G  N  I  Ò  C  U  N  G
Ậ  Đ  A  G  I  Á  C  Ó  H  N  H  K  G  A
T  P  M  R  T  O  R  N  H  M  I  U  U  H
B  L  R  Y  H  Y  P  E  R  B  O  L  A  G
E  L  L  I  P  S  E  A  Y  G  N  P  D  M
```

CUNG
VÒNG TRÒN
NÓN
GÓC
ĐƯỜNG CONG
HÌNH TRỤ
CẠNH
ELLIPSE
HYPERBOLA
HÀNG

ĐA GIÁC
LĂNG
KIM TỰ THÁP
HÌNH CHỮ NHẬT
VÒNG
BÊN
CẦU
QUẢNG TRƯỜNG
TAM GIÁC

35 - Scientific Disciplines

```
S  L  D  T  H  Ầ  N  K  I  N  H  I  L  K
I  K  I  N  E  S  I  O  L  O  G  Y  U  H
N  G  Đ  Ị  A  C  H  Ấ  T  H  Ọ  C  U  Í
H  I  I  T  H  Ự  C  V  Ậ  T  H  Ọ  C  T
T  K  H  Ả  O  C  Ổ  H  Ọ  C  K  P  U  Ư
H  M  T  H  I  Ê  N  V  Ă  N  H  Ọ  C  Ợ
Á  B  I  R  N  P  S  U  A  N  O  R  M  N
I  U  L  Ễ  B  H  H  I  A  I  Á  H  T  G
N  G  Ô  N  N  G  Ữ  Ẫ  N  D  N  Ó  Y  H
T  Â  M  L  Ý  D  M  K  U  H  G  A  C  Ọ
V  A  C  H  P  A  Ị  V  C  H  H  H  M  C
C  Ơ  K  H  Í  R  T  C  I  G  Ọ  Ọ  V  B
H  Ó  A  S  I  N  H  P  H  Y  L  C  C  Q
H  G  M  G  R  S  I  N  H  L  Ý  H  Ọ  C
```

GIẢI PHẪU HỌC
KHẢO CỔ HỌC
THIÊN VĂN HỌC
HÓA SINH
SINH HỌC
THỰC VẬT HỌC
HÓA HỌC
SINH THÁI
ĐỊA CHẤT HỌC

MIỄN DỊCH
KINESIOLOGY
NGÔN NGỮ
CƠ KHÍ
KHÍ TƯỢNG HỌC
KHOÁNG
THẦN KINH
SINH LÝ HỌC
TÂM LÝ

36 - School #2

```
L  G  M  B  K  Y  P  T  M  X  V  U  P  G
T  Ị  I  T  É  O  V  M  B  E  Ă  B  D  R
L  P  C  Á  O  I  T  Q  V  B  N  G  A  H
T  H  K  H  O  A  H  Ọ  C  U  H  Q  Q  P
B  A  P  G  B  V  D  A  Q  Ý  Ọ  U  V  V
A  T  I  T  Ừ  Đ  I  Ể  N  T  C  T  G  T
L  Q  T  Ẩ  H  Ọ  C  Ê  B  Ú  T  C  H  Ì
Ô  Y  M  Y  B  B  A  B  N  G  D  C  L  M
M  Á  Y  T  Í  N  H  C  R  A  G  T  G  B
H  O  Ạ  T  Đ  Ộ  N  G  C  B  T  Q  Q  Ạ
Y  R  T  N  G  Ữ  P  H  Á  P  S  C  P  N
H  C  U  Ố  I  T  U  Ầ  N  K  K  Á  H  B
L  O  Q  O  Ấ  G  I  Á  O  D  Ụ  C  C  È
L  C  N  Q  Y  T  H  Ư  V  I  Ệ  N  T  H
```

HỌC	BẠN BÈ
HOẠT ĐỘNG	NGỮ PHÁP
BA LÔ	THƯ VIỆN
SÁCH	VĂN HỌC
XE BUÝT	GIẤY
LỊCH	BÚT CHÌ
MÁY TÍNH	KHOA HỌC
TỪ ĐIỂN	KÉO
GIÁO DỤC	GIÁO VIÊN
TẨY	CUỐI TUẦN

37 - Science

```
H  N  G  U  Y  Ê  N  T  Ử  H  Y  I  T  P
K  H  Í  H  Ậ  U  Y  G  U  V  N  T  I  H
V  Ạ  A  P  H  Â  N  T  Ử  L  Q  I  Ế  Ư
K  T  L  N  D  B  T  H  Ự  C  T  Ế  N  Ơ
K  A  D  T  C  H  A  R  T  Â  H  Y  H  N
H  Ó  A  T  H  Ạ  C  H  Ọ  Y  Í  T  Ó  G
O  V  R  C  Ó  N  Y  K  U  N  N  N  A  P
Á  B  T  G  A  D  O  K  A  R  G  Q  Y  H
N  N  Y  O  C  R  Ữ  H  O  M  H  L  N  Á
G  V  M  G  H  Y  V  L  R  O  I  T  Ự  P
S  Ậ  V  K  Ấ  V  D  C  I  L  Ẽ  D  I  C
Ả  T  Y  C  T  Q  O  U  L  Ễ  M  M  Y  B
N  L  Q  U  A  N  S  Á  T  M  U  T  L  G
P  Ý  T  H  I  Ê  N  N  H  I  Ê  N  B  U
```

NGUYÊN TỬ   PHƯƠNG PHÁP
HÓA CHẤT   KHOÁNG SẢN
KHÍ HẬU   PHÂN TỬ
DỮ LIỆU   THIÊN NHIÊN
TIẾN HÓA   QUAN SÁT
THÍ NGHIỆM   HẠT
THỰC TẾ   VẬT LÝ
HÓA THẠCH   CÂY
TRỌNG LỰC

38 - To Fill

```
U  B  K  N  P  G  M  O  Y  G  Q  O  G  R
K  I  P  Q  G  H  C  A  U  Y  M  U  A  Q
Q  C  I  O  O  Ă  O  G  Ó  I  R  I  B  Y
P  U  N  D  U  C  N  N  K  K  V  V  A  U
B  Ố  N  G  G  Á  V  K  G  P  H  A  K  T
O  P  D  U  P  I  Q  Y  É  B  K  L  X  Ô
C  O  T  C  A  R  T  O  N  O  Ì  I  T  T
V  K  H  A  Y  Ổ  H  A  N  U  L  K  Ú  À
K  V  Ù  Y  B  G  Ư  B  M  H  M  U  I  U
B  Ì  N  H  H  O  M  B  M  I  C  I  V  Y
M  V  G  Q  M  H  Ụ  U  G  G  C  H  I  P
D  V  Q  H  Ộ  P  C  O  D  O  G  T  A  D
Y  R  K  B  N  M  Y  P  A  Y  V  N  G  I
C  G  O  K  T  V  M  K  Q  R  Y  N  V  Y
```

THÙNG	THƯ MỤC
CÁI RỔ	GÓI
CHAI	TÚI
HỘP	VA LI
XÔ	KHAY
CARTON	ỐNG
NGĂN KÉO	BÌNH
PHONG BÌ	TÀU

39 - Summer

```
C Ắ M T R Ạ I U C R L D G T
K Ỳ N G H Ỉ D M T M G K I K
B L H I N Ứ U K O T L S A O
D A À D U B C U L Ặ N G Đ Y
G Y O Q B Ã I Ă V Ư Ờ N Ì B
Â T H Ư G I Ã N N S T I N Ạ
Y M Q R R B Ể D O Á R Ề H N
H H N R Q I C N D C Ò M T B
M H A H K Ể D É P H C V B È
U O N P Ạ N K U P N H U V U
I Y I N K C O A B Ơ I A A
R H G I Ả I T R Í T I G A U
D U L Ị C H Q I N N O B N K
Y G H K A K V I K U K K O C
```

BÃI BIỂN	NIỀM VUI
SÁCH	GIẢI TRÍ
CẮM TRẠI	ÂM NHẠC
LẶN	THƯ GIÃN
GIA ĐÌNH	DÉP
THỨC ĂN	BIỂN
BẠN BÈ	SAO
TRÒ CHƠI	DU LỊCH
VƯỜN	KỲ NGHỈ
NHÀ	

40 - Clothes

```
U  H  M  K  K  N  H  Y  H  I  I  N  T  I
M  N  L  H  D  Q  U  U  P  V  H  A  H  Y
L  Ũ  Y  Ă  V  Ò  N  G  T  A  Y  K  Ờ  T
R  G  Ă  N  G  T  A  Y  I  R  I  U  I  Y
B  L  N  Q  U  Ầ  N  J  E  A  N  T  T  A
T  Y  H  U  B  D  G  I  À  Y  D  R  R  V
T  Á  U  À  I  M  Q  Y  Q  D  É  A  A  T
H  O  V  N  Á  Á  Y  V  R  T  P  N  N  Ạ
Ắ  S  B  G  O  O  L  D  Á  T  A  G  G  P
T  Ơ  L  C  C  L  K  V  B  Y  J  S  P  D
L  M  K  Ổ  Á  E  V  H  H  Q  A  Ứ  L  Ề
Ư  I  U  I  N  N  H  Y  O  A  M  C  L  K
N  T  A  I  H  Q  U  Ầ  N  Á  A  G  I  M
G  Y  V  N  L  A  V  Ò  N  G  C  Ổ  K  H
```

TẠP DỀ	TRANG SỨC
THẮT LƯNG	VÒNG CỔ
ÁO CÁNH	PAJAMA
VÒNG TAY	QUẦN
ĂN	DÉP
THỜI TRANG	KHĂN QUÀNG CỔ
GĂNG TAY	ÁO SƠ MI
MŨ	GIÀY
ÁO KHOÁC	VÁY
QUẦN JEAN	ÁO LEN

41 - Insects

```
Y  Q  M  Ấ  B  Ư  Ớ  M  Đ  Ê  M  T  C  C
G  S  Â  U  Ọ  Ọ  U  L  B  B  U  H  H  O
T  H  V  T  C  B  C  C  H  L  Ỗ  O  Â  N
V  D  U  R  H  Ư  R  Á  T  K  I  R  U  V
L  C  K  Ù  É  Ớ  H  U  N  M  Y  N  C  E
G  A  P  N  T  M  U  M  O  H  C  E  H  S
O  R  D  G  A  R  Ố  R  L  B  C  T  Ấ  Ằ
H  U  R  Y  N  L  O  I  P  R  O  Ứ  U  U
P  R  Y  K  B  L  N  P  D  K  N  I  N  V
K  Ễ  C  V  Ọ  U  G  P  V  R  O  P  T  G
A  P  Y  M  N  N  G  V  P  N  N  R  Y  L
O  Y  Y  C  G  G  I  Á  N  R  G  B  Y  O
K  I  Ế  N  Ự  C  À  O  C  À  O  M  R  P
I  M  A  L  A  A  C  O  D  D  T  L  B  G
```

KIẾN	LADYBUG
RỆP	ẤU TRÙNG
CON ONG	CÀO CÀO
BỌ CÁNH CỨNG	BỌ NGỰA
BƯỚM	MUỖI
CON VE SẦU	BƯỚM ĐÊM
GIÁN	MỐI
BỌ CHÉT	ONG
CHÂU CHẤU	SÂU
HORNET	

42 - Astronomy

```
T  B  V  I  C  Z  O  D  I  A  C  Đ  B  L
I  U  Ầ  Ũ  P  H  Â  N  N  C  B  À  Ứ  Y
N  M  Q  U  T  L  Ò  O  K  M  B  I  C  M
H  H  I  I  T  R  Q  M  O  K  V  Q  X  Ặ
V  Q  P  K  V  R  Ụ  K  S  R  S  U  Ạ  T
Â  P  R  B  G  H  Ờ  T  D  A  A  A  O  T
N  T  R  I  I  À  Y  I  K  S  O  N  T  R
P  H  I  H  À  N  H  G  I  A  B  S  H  Ă
C  I  R  R  T  H  U  U  Q  O  Ă  Á  I  N
Q  Ê  N  H  Ậ  T  T  H  Ự  C  N  T  Ê  G
C  N  V  Ệ  T  I  N  H  A  H  G  B  N  U
N  H  A  T  Ê  N  L  Ử  A  Ổ  Y  L  I  A
H  À  U  A  M  H  T  R  Á  I  Đ  Ấ  T  H
S  I  Ê  U  T  Â  N  T  I  N  H  Y  G  I
```

PHI HÀNH GIA	MẶT TRĂNG
THIÊN	TINH VÂN
SAO CHỔI	ĐÀI QUAN SÁT
CHÒM SAO	HÀNH TINH
VŨ TRỤ	BỨC XẠ
TRÁI ĐẤT	TÊN LỬA
NHẬT THỰC	VỆ TINH
PHẦN	BẦU TRỜI
THIÊN HÀ	SIÊU TÂN TINH
SAO BĂNG	ZODIAC

43 - Pirates

```
T P C B U U Y K L B K K P T
K H H H D P C I C N M Y H R
S Đ U I C Ờ B Ã I B I Ể N U
Ẹ Ả T Y H V K A R H A N G Y
O O N A Ề À A Y A U G E R Ề
I Q M O M N N H U H M O C N
P Q O L H G T H U M V Q L T
C O N V Ẹ T K R Đ C L Q B H
N G U Y H I Ể M Ư O C Đ Ả U
L V O B D L P D L Ở À Ồ N Y
A T H A N H K I Ế M N N Đ Ế
B X C K Đ Ạ I D U Ơ N G Ồ T
À Ấ H H I A Y R B T H X O O
N U H P D L K H O B Á U K N
```

NEO	VÀNG
XẤU	ĐẢO
BÃI BIỂN	TRUYỀN THUYẾT
THUYỀN TRƯỞNG	BẢN ĐỒ
HANG	ĐẠI DƯƠNG
ĐỒNG XU	CON VẸT
LA BÀN	RUM
PHI HÀNH ĐOÀN	SẸO
NGUY HIỂM	THANH KIẾM
CỜ	KHO BÁU

44 - Time

```
T  Ư  Ơ  N  G  L  A  I  U  N  N  U  R  V
Q  T  T  H  Á  N  G  I  T  C  K  D  A  H
L  H  R  U  T  H  P  B  H  D  K  A  N  I
L  Ị  C  H  Ầ  À  I  U  T  T  C  R  B  H
V  K  H  Ô  T  N  K  Ổ  H  V  R  D  P  I
C  U  T  M  C  G  H  I  Ế  K  V  Ư  P  U
B  C  I  N  A  Ô  T  K  B  G  S  Ớ  M
A  U  N  A  N  Ă  M  R  Ỷ  Đ  Ê  M  A  C
B  Ổ  Y  R  M  Q  Ư  T  Ồ  G  I  Ờ  Y
T  B  D  I  B  O  U  A  H  N  G  À  Y  B
H  D  B  K  S  O  A  C  Ậ  G  U  B  U  K
V  G  C  V  V  Á  Y  H  P  H  Ú  T  Q  Y
B  Â  Y  G  I  Ờ  N  C  K  Ồ  M  B  A  M
A  G  R  Y  C  V  D  G  Ỷ  I  N  A  V  T
```

HÀNG NĂM	THÁNG
TRƯỚC	BUỔI SÁNG
LỊCH	ĐÊM
THẾ KỶ	BUỔI TRƯA
ĐỒNG HỒ	BÂY GIỜ
NGÀY	SỚM
THẬP KỶ	HÔM NAY
TƯƠNG LAI	TUẦN
GIỜ	NĂM
PHÚT	HÔM QUA

45 - Buildings

```
N  K  Ý  T  Ú  C  X  Á  M  U  N  A  H  T
K  H  S  Â  N  V  Ậ  N  Đ  Ộ  N  G  H  R
B  H  À  T  U  Ự  N  R  Ạ  P  H  Á  T  Ư
Ả  G  Á  M  H  A  K  V  I  Q  L  G  B  Ờ
O  V  Y  C  Á  Á  H  O  S  Y  Â  G  D  N
T  N  R  I  H  Y  P  P  Ứ  L  U  M  K  G
À  U  C  Q  R  S  G  P  Q  Ề  Đ  G  R  H
N  Ô  N  G  T  R  Ạ  I  U  U  À  C  K  Ọ
G  V  Q  A  C  M  P  N  Á  Y  I  A  T  C
R  R  O  R  K  K  C  Ă  N  H  Ộ  B  A  A
C  A  A  A  U  D  B  Ệ  N  H  V  I  Ệ  N
S  I  Ê  U  T  H  Ị  T  T  D  Y  N  B  U
Đ  Ạ  I  H  Ọ  C  Q  P  G  T  M  O  Q  M
Đ  À  I  Q  U  A  N  S  Á  T  O  M  O  A
```

CĂN HỘ	KHÁCH SẠN
VỰA	BẢO TÀNG
CABIN	ĐÀI QUAN SÁT
LÂU ĐÀI	TRƯỜNG HỌC
ĐẠI SỨ QUÁN	SÂN VẬN ĐỘNG
NHÀ MÁY	SIÊU THỊ
NÔNG TRẠI	LỀU
GA-RA	RẠP HÁT
BỆNH VIỆN	THÁP
KÝ TÚC XÁ	ĐẠI HỌC

46 - Herbalism

```
A  R  H  B  Ạ  C  H  À  D  N  O  Q  L  T
T  M  P  O  D  M  O  H  T  G  R  R  Á  Ỏ
H  A  X  V  A  N  A  Y  H  H  E  O  K  I
Ự  Ú  A  A  Ư  O  G  B  Ì  Ễ  G  S  I  H
C  B  N  V  O  Ờ  Ả  R  L  T  A  E  N  Ư
V  P  H  G  T  K  N  I  À  Â  N  M  H  Ơ
Ậ  P  Q  H  Q  K  D  I  H  Y  O  A  G  N
T  G  Y  M  N  U  O  P  N  Ư  A  R  I  G
I  M  T  K  D  N  Ế  C  B  G  Ơ  Y  Ớ  V
T  H  À  N  H  P  H  Ầ  N  I  C  N  I  Ị
T  H  Ơ  M  Ù  I  T  Â  Y  Ấ  V  N  G  P
C  I  I  P  Y  B  G  C  K  M  A  Y  A  O
M  T  O  K  H  P  Q  O  P  C  G  Q  Y  T
Ẩ  M  T  H  Ự  C  Ó  L  Ợ  I  Y  N  N  B
```

THƠM	THÀNH PHẦN
HÚNG QUẾ	HOA OẢI HƯƠNG
CÓ LỢI	LÁ KINH GIỚI
ẨM THỰC	BẠC HÀ
THÌ LÀ	OREGANO
HƯƠNG VỊ	MÙI TÂY
HOA	THỰC VẬT
VƯỜN	ROSEMARY
TỎI	NGHỆ TÂY
XANH	GIẤM

47 - Toys

```
C  T  Y  C  C  U  C  T  R  M  D  R  Y  N
Ờ  R  O  B  O  T  T  Q  U  V  U  I  M  C
V  Ố  P  O  M  K  S  Ơ  N  K  T  T  Ề  A
U  N  N  G  Y  M  Á  Y  B  A  Y  H  D  U
A  G  H  T  R  Ò  C  H  Ơ  I  C  U  Q  R
N  I  V  O  Đ  U  H  D  M  X  X  Y  M  H
P  I  C  O  Q  Ồ  C  Q  O  E  E  Ề  Y  P
G  P  C  I  D  T  T  D  T  L  H  N  P  I
U  X  M  V  G  B  D  H  T  Ử  Ơ  H  I  A
U  K  E  B  Ú  P  B  Ê  Ử  A  I  B  C  C
L  O  P  Đ  Ấ  T  S  É  T  C  B  G  Y  Â
Q  L  T  R  Ạ  B  U  Y  H  A  Ô  Q  D  U
X  E  T  Ả  I  P  L  I  P  B  Ó  N  G  Đ
Y  Ê  U  T  H  Í  C  H  I  K  A  H  G  Ố
```

MÁY BAY   TRỐNG
BÓNG   YÊU THÍCH
XE ĐẠP   TRÒ CHƠI
THUYỀN   DIỀU
SÁCH   SƠN
XE HƠI   CÂU ĐỐ
CỜ VUA   ROBOT
ĐẤT SÉT   XE LỬA
ĐỒ THỦ CÔNG   XE TẢI
BÚP BÊ

48 - Vehicles

```
T  C  C  G  R  K  L  D  C  X  A  X  T  X
Ê  H  A  I  R  G  O  U  I  E  R  E  K  E
N  Q  U  R  B  È  P  M  A  T  Y  T  X  Đ
L  Ố  P  Y  A  A  P  H  À  A  D  Ắ  E  I
Ử  M  Q  L  Ề  V  H  M  L  Y  M  C  L  Ễ
A  Y  D  K  V  N  A  R  Y  G  I  X  Ử  N
T  C  C  V  V  H  X  N  B  A  X  I  A  N
Q  L  D  A  O  T  E  X  R  P  E  Q  R  G
M  T  C  N  R  R  B  E  L  T  H  L  T  Ầ
G  Á  X  E  C  Ứ  U  T  H  Ư  Ơ  N  G  M
K  K  Y  T  K  K  Ý  Ả  V  Q  I  O  I  H
P  U  H  K  G  P  T  I  M  Á  Y  B  A  Y
O  D  B  G  É  U  Y  Đ  Ộ  N  G  C  Ơ  Q
X  E  Đ  Ạ  P  O  T  À  U  N  G  Ầ  M  D
```

MÁY BAY	TÊN LỬA
XE CỨU THƯƠNG	XE TAY GA
XE ĐẠP	TÀU NGẦM
THUYỀN	XE ĐIỆN NGẦM
XE BUÝT	XE TẮC XI
XE HƠI	LỐP
CARAVAN	MÁY KÉO
PHÀ	XE LỬA
ĐỘNG CƠ	XE TẢI
BÈ	VAN

49 - Flowers

```
P  L  U  M  E  R  I  A  L  A  I  P  J  H
H  O  A  O  Ả  I  H  Ư  Ơ  N  G  C  A  O
P  O  P  P  Y  H  C  V  R  U  Y  T  S  A
C  Á  N  H  H  O  A  U  Q  H  T  R  M  H
O  Ỏ  K  H  O  A  M  Ẫ  U  Đ  Ơ  N  I  Ồ
A  B  B  G  Ư  M  T  L  V  N  T  R  N  N
P  Ó  P  A  O  Ớ  I  A  L  R  U  A  E  G
D  H  R  H  L  G  N  D  A  I  S  Y  H  P
K  O  O  O  O  Á  A  G  I  G  B  P  L  K
G  A  R  D  E  N  I  A  D  Â  M  B  Ụ  T
L  T  G  D  C  L  G  A  C  Ư  T  Y  Y  B
C  O  O  I  N  I  N  L  M  H  Ơ  A  K  Y
M  A  G  N  O  L  I  A  A  B  C  N  O  P
T  Ử  Đ  I  N  H  H  Ư  Ơ  N  G  T  G  Y
```

BÓ HOA   MAGNOLIA
CỎ BA LÁ   PHONG LAN
DAISY   HOA MẪU ĐƠN
GARDENIA   CÁNH HOA
DÂM BỤT   PLUMERIA
JASMINE   POPPY
HOA OẢI HƯƠNG   HOA HỒNG
TỬ ĐINH HƯƠNG   HƯỚNG DƯƠNG

50 - Town

```
T R Ư Ờ N G H Ọ C L I Đ N B
K H Ạ K H Á C H S Ạ N Ạ G Ả
Q B S P S Â N B A Y G I Ư O
S G Ở U H N T M L T Â H Ờ T
I C T H O Á K B O I N Ọ I À
Ê Ử H Q G T T G N Ễ H C B N
U A Ú P I H D I Y M À H Á G
T H Ị T R Ư Ờ N G T N I N U
H À Y T G V Y P G H G Ễ H H
Ị N B N N I I K Y U I U O K
K G C T B Ẽ O B L Ố U S A Q
R T Y O L N B I N C K Á Q T
A S Â N V Ậ N Đ Ộ N G C I M
B Y B Ộ S Ư U T Ậ P T H L P
```

SÂN BAY
NGÂN HÀNG
HIỆU SÁCH
NGƯỜI BÁN HOA
BỘ SƯU TẬP
KHÁCH SẠN
THƯ VIỆN
THỊ TRƯỜNG
BẢO TÀNG

TIỆM THUỐC
SALON
TRƯỜNG HỌC
SÂN VẬN ĐỘNG
CỬA HÀNG
SIÊU THỊ
RẠP HÁT
ĐẠI HỌC
SỞ THÚ

51 - Antarctica

```
V Ị N H S Ô N G B Ă N G B R
I R Ự N H I Ễ T Đ Ộ C C I Q
Q O Ớ D O C V T Ả Y C H I H
Q C C N G H B Ả O T Ồ N I C
K K Á P H I Đ Đ Á M M Â Y M
H Y V Y U M M Ị B Á N Đ Ả O
O H O L A C Ô I A M B Q A O
A O I Ụ K Á N I C H A T R Q
H D I C Ư N Đ V T V Ì U I N
Ọ D D Đ Q H Ị U B R Y N V Q
C K D Ị D C A N D P Ư I H K
Q L G A A Ụ L C K O R Ờ Q V
Y V N L L T Ý M V B D G N A
K H O Á N G S Ả N B Ă N G G
```

VỊNH	DI CƯ
CHIM	KHOÁNG SẢN
ĐÁM MÂY	CHIM CÁNH CỤT
BẢO TỒN	BÁN ĐẢO
LỤC ĐỊA	ROCKY
MÔI TRƯỜNG	KHOA HỌC
MÔN ĐỊA LÝ	NHIỆT ĐỘ
SÔNG BĂNG	ĐỊA HÌNH
BĂNG	NƯỚC
ĐẢO	CÁ VOI

52 - Ballet

```
B A L L E R I N A T U I K N
C H O R E O G R A P H Y Ỹ G
K Ô Á N G I Ả C I I M N T H
V O K K P I K Ử I L H H Ệ
P C M L M B I V L C L Ị U T
T Ậ P H O N G C Á C H P Ậ H
D D V G M B R Ư I P V Ỉ T U
À K Ỹ N Ă N G Ờ C K Ũ H D Ậ
N H À S O Ạ N N H Ạ C A Â T
N T Q C C G D G K L Ô Y M V
H M V Q N Ơ T Đ G M N I N T
Ạ P A A V Q B Ộ P N G D H T
C R U G Q V O Ắ K G B O Ạ K
L O H D N C L R P U G G C U
```

NGHỆ THUẬT	CƠ BẮP
KHÁN GIẢ	ÂM NHẠC
BALLERINA	DÀN NHẠC
CHOREOGRAPHY	TẬP
NHÀ SOẠN NHẠC	NHỊP
VŨ CÔNG	KỸ NĂNG
CỬ CHỈ	PHONG CÁCH
CƯỜNG ĐỘ	KỸ THUẬT

53 - Human Body

```
L  D  G  Y  H  C  M  N  B  G  L  C  C  D
L  R  U  L  H  Ổ  H  Đ  G  A  L  U  B  V
U  U  I  T  M  D  T  Ầ  C  Ó  C  P  D  I
C  H  D  A  I  M  Á  U  R  H  N  Y  Y  G
N  U  Q  I  Ệ  M  P  G  L  C  V  T  G  K
K  R  V  R  N  Ũ  R  Ố  U  O  Q  T  A  L
C  H  Â  N  G  I  M  I  V  V  U  Q  M  Y
I  À  U  K  C  M  R  T  V  O  T  V  I  Q
B  M  D  Ỷ  Y  M  C  A  Đ  Ầ  U  X  U  V
T  A  Y  Y  U  Ắ  B  I  Ố  M  V  Ư  Y  G
H  C  R  V  M  T  V  V  I  U  A  Ơ  V  Ó
I  T  Q  C  P  C  A  R  M  D  I  N  K  C
C  D  O  O  C  Á  R  Y  Ặ  B  O  G  D  Ằ
O  Y  O  L  Q  T  R  T  T  M  A  G  K  M
```

MẮT CÁ	ĐẦU
MÁU	TIM
XƯƠNG	HÀM
ÓC	ĐẦU GỐI
CẰM	CHÂN
TAI	MIỆNG
KHUỶU TAY	CỔ
ĐỐI MẶT	MŨI
NGÓN TAY	VAI
TAY	DA

54 - Musical Instruments

```
L  C  Y  A  L  S  N  C  H  U  Ô  N  G  Đ
Ụ  E  N  H  G  O  A  P  B  T  C  H  Y  À
C  L  D  Y  R  N  N  X  K  A  P  N  I  N
L  L  N  M  C  C  O  Y  O  D  S  P  R  G
Ạ  O  D  H  K  K  Đ  B  C  P  A  S  V  H
C  B  T  R  Ố  N  G  Ù  H  I  H  Á  K  I
T  R  O  M  B  O  N  E  I  R  M  O  È  T
D  À  N  N  H  Ạ  C  C  Ê  P  D  V  N  A
O  G  C  K  R  Q  Đ  À  N  H  Ạ  C  Y  E
M  A  N  D  O  L  I  N  G  Y  I  V  C
C  L  A  R  I  N  E  T  Õ  P  P  Q  C  C
H  D  U  Q  I  G  M  A  R  I  M  B  A  N
D  Ư  Ơ  N  G  C  Ầ  M  U  U  I  O  K  A
Đ  À  N  V  I  Ô  L  Ô  N  G  N  M  V  B
```

BASS	ĐÀN HẠC
DÀN NHẠC	MANDOLIN
CELLO	MARIMBA
CHUÔNG	GÕ
CLARINET	DƯƠNG CẦM
TRỐNG	SAXOPHONE
ĐÙI	LỤC LẠC
SÁO	TROMBONE
CHIÊNG	KÈN
ĐÀN GHI TA	ĐÀN VI Ô LÔNG

55 - Cooking Tools

```
C  T  G  U  R  Y  C  G  T  G  I  B  L  H
H  Á  Y  K  Y  T  Á  A  O  T  P  Ế  Q  Ò
D  V  I  T  A  M  I  D  A  P  A  P  R  V
V  G  A  T  N  C  N  P  S  I  D  T  Y  N
Q  Ấ  M  H  H  I  Ĩ  R  T  Q  K  Y  K  Ắ
N  T  H  Ì  I  Ì  A  R  E  Q  A  Y  N  P
C  Q  T  A  Ễ  D  A  O  R  M  Y  A  K  T
A  L  A  A  T  A  G  L  V  K  R  L  G  Y
K  M  C  L  K  O  V  P  A  U  D  D  H  L
A  M  H  V  Ế  K  H  P  C  I  N  T  K  M
U  C  A  L  T  É  C  U  U  U  Q  C  V  Q
L  Y  O  M  U  O  I  T  G  D  M  A  Q  K
H  I  V  L  B  G  Y  T  Ử  L  Ạ  N  H  É
K  B  À  N  M  À  I  L  Ọ  C  T  R  N  O
```

CHAO	TỦ LẠNH
DAO KÉO	KÉO
CÁI NĨA	THÌA
BÀN MÀI	CÁI THÌA
ẤM	BẾP
DAO	LỌC
NẮP	NHIỆT KẾ
LÒ	TOASTER

56 - Fruit

```
C  Q  U  Ả  K  I  W  I  T  C  Ổ  M  D  G
H  Ì  N  H  Q  U  Ả  M  Ơ  Á  I  Â  Ừ  N
U  T  K  Q  U  U  Đ  U  Đ  Ủ  O  M  A  H
Ố  Q  P  Y  Ả  M  Ả  L  A  Q  I  X  I  M
I  P  T  A  M  D  B  A  D  K  Y  Ô  T  Y
P  H  C  M  Ọ  D  R  A  N  A  C  I  R  T
G  K  D  L  N  N  L  T  T  H  A  K  Á  R
A  B  Ư  Ê  G  T  K  H  O  I  Đ  T  I  Á
D  Q  A  G  G  U  N  H  O  C  K  À  X  I
L  Đ  N  U  T  H  L  U  T  H  Y  A  O  B
Q  B  À  N  Q  T  N  H  B  A  Q  G  À  Ơ
D  Ứ  A  O  Y  D  A  I  A  N  Y  A  I  N
Q  I  V  V  B  B  A  Q  O  H  Q  O  T  Q
C  Â  Y  X  U  Â  N  Đ  À  O  L  A  M  K
```

TÁO	QUẢ KIWI
QUẢ MƠ	CHANH
TRÁI BƠ	TRÁI XOÀI
CHUỐI	DƯA
QUẢ MỌNG	CÂY XUÂN ĐÀO
QUẢ ANH ĐÀO	ĐU ĐỦ
DỪA	ĐÀO
HÌNH	LÊ
NHO	DỨA
ỔI	MÂM XÔI

57 - Virtues #1

```
B  V  T  H  Đ  K  L  D  Đ  Q  G  A  U  Đ
Y  Q  C  V  A  Q  N  Ọ  Ộ  U  M  T  Q  Á
K  H  I  Ê  M  T  Ố  N  C  Y  A  A  V  N
Q  D  D  D  M  Ò  Y  D  L  Ế  R  Q  Y  G
K  M  O  V  Ê  M  P  Ẹ  Ậ  N  P  U  U  T
H  I  Y  R  U  Ò  M  P  P  R  B  Y  B  I
I  R  Ê  Ộ  L  A  Q  K  M  Ũ  Y  Ế  U  N
Ệ  H  Q  N  G  H  Ệ  T  H  U  Ậ  T  Ồ  C
U  T  P  G  N  T  C  Q  Ữ  U  M  Đ  N  Ậ
Q  Ố  U  L  K  H  Q  B  U  P  M  Ị  C  Y
U  T  G  Ư  U  Ự  Ẫ  C  Í  C  I  N  Ư  I
Ả  M  Ợ  I  C  H  N  C  O  V  H  Ờ  H
I  V  T  N  Q  T  L  K  H  I  P  D  I  Q
K  V  R  G  U  Ế  C  C  M  U  N  B  Q  I
```

NGHỆ THUẬT
QUYẾN RŨ
DỌN DẸP
TÒ MÒ
QUYẾT ĐỊNH
HIỆU QUẢ
BUỒN CƯỜI
RỘNG LƯỢNG

TỐT
HỮU ÍCH
ĐỘC LẬP
KHIÊM TỐN
ĐAM MÊ
KIÊN NHẪN
THỰC TẾ
ĐÁNG TIN CẬY

58 - Kitchen

```
G  P  T  V  D  U  B  B  A  P  B  K  Ấ  Y
B  K  V  L  U  G  G  C  R  I  H  D  Q  M
Ọ  M  A  B  P  O  F  V  B  L  K  Y  V  B
T  M  D  Ì  U  O  O  B  V  D  M  B  C  G
B  Ủ  U  N  M  Q  R  T  Ạ  P  D  Ề  T  I
I  Y  L  H  C  Y  K  Q  R  K  D  A  O  A
Ể  A  Y  Ạ  Ô  A  S  N  Ư  Ớ  N  G  M  V
N  L  I  B  N  K  P  Đ  L  N  T  O  Q  !
H  P  Y  C  G  H  D  B  Ũ  T  U  L  Ò  D
B  B  H  B  T  Ă  D  K  P  A  Q  B  D  L
T  R  A  Y  H  N  T  H  Ứ  C  Ă  N  Q  T
T  R  P  Q  Ứ  Ă  H  U  N  L  C  B  U  I
O  A  N  G  C  N  Ì  P  A  D  O  Á  O  C
Q  L  G  Q  B  K  A  R  R  P  V  T  O  Q
```

TẠP DỀ	DAO
BÁT	KHĂN ĂN
ĐŨA	LÒ
LY	CÔNG THỨC
THỨC ĂN	TỦ LẠNH
FORKS	GIA VỊ
NƯỚNG	BỌT BIỂN
BÌNH	THÌA
ẤM	

59 - Art Supplies

```
M  R  T  Y  M  B  A  S  Ơ  N  D  B  Y  Q
A  P  T  G  Y  À  À  Á  B  U  B  O  B  M
D  T  A  M  L  N  P  N  R  A  M  O  Ú  M
Y  N  K  K  Y  R  D  G  C  T  P  D  T  G
N  Ư  Ớ  C  M  H  Ầ  T  O  H  Q  N  C  M
G  T  H  A  N  P  U  Ạ  Y  A  Ả  G  H  À
M  H  N  R  A  K  E  O  I  C  P  I  Ì  U
Ự  Á  Ế  E  A  S  E  L  T  R  Y  Ấ  N  S
C  U  Y  Đ  Ấ  T  S  É  T  Y  D  Y  C  Ắ
I  R  Q  Ả  R  P  L  Y  L  L  L  B  H  C
C  M  À  U  N  Ư  Ớ  C  I  I  P  M  O  T
I  O  D  M  I  H  H  K  V  C  Q  C  P  Ẩ
Ý  T  Ư  Ở  N  G  O  H  U  C  M  V  P  Y
R  M  C  Y  N  I  O  K  N  N  N  O  M  V
```

ACRYLIC	KEO
BÀN CHẢI	Ý TƯỞNG
MÁY ẢNH	MỰC
GHẾ	DẦU
THAN	SƠN
ĐẤT SÉT	GIẤY
MÀU SẮC	BÚT CHÌ
SÁNG TẠO	BÀN
EASEL	NƯỚC
TẨY	MÀU NƯỚC

60 - Science Fiction

```
T  H  Ế  G  I  Ớ  I  S  Á  C  H  T  C  D
T  U  A  Ả  O  G  I  Á  C  H  À  H  Ự  Y
G  O  R  T  I  R  U  B  Í  Ẩ  N  I  C  S
Q  H  K  B  K  Y  A  Y  T  T  H  Ê  C  T
L  T  T  I  H  Ó  A  C  H  Ấ  T  N  Ô  O
D  P  U  R  U  Q  L  M  L  C  I  H  N  P
T  U  Y  Ệ  T  V  Ờ  I  Ử  E  N  À  G  I
X  Ư  U  A  N  T  D  A  A  H  G  N  A
R  A  Ơ  T  Ư  Ở  N  G  T  Ư  Ợ  N  G  Q
H  N  Ễ  N  H  Á  I  C  L  C  N  T  H  C
D  N  M  Ô  G  M  G  H  T  O  N  B  Ễ  L
A  T  A  G  I  L  N  G  U  Y  Ê  N  T  Ử
B  I  L  U  M  D  A  N  C  Y  G  T  N  Ổ
T  C  I  U  T  O  P  I  A  N  C  N  I  B
```

NGUYÊN TỬ	TƯƠNG LAI
SÁCH	THIÊN HÀ
HÓA CHẤT	ẢO GIÁC
NHÁI	TƯỞNG TƯỢNG
XA XÔI	BÍ ẨN
DYSTOPIA	ORACLE
NỔ	HÀNH TINH
CỰC	CÔNG NGHỆ
TUYỆT VỜI	UTOPIA
LỬA	THẾ GIỚI

61 - Airplanes

```
N  T  V  L  H  À  N  H  K  H  Á  C  H  Đ
P  U  N  U  Ị  P  R  H  H  C  A  H  A  Ộ
A  D  G  V  H  C  O  M  V  Á  Y  I  I  N
P  H  Ó  N  G  V  H  Ư  Ớ  N  G  Ề  C  G
H  Ạ  X  U  Ố  N  G  S  Q  H  K  U  N  C
X  Â  Y  D  Ự  N  G  O  Ử  Q  H  C  H  Ơ
B  C  I  G  Đ  Ổ  B  Ộ  Q  U  Ô  A  I  Đ
Ó  Ầ  T  H  I  Ế  T  K  Ế  Ạ  N  O  Ê  Ộ
N  L  U  H  Y  D  R  O  P  T  G  G  N  C
G  Y  G  T  H  V  I  R  T  Y  K  A  L  A
Q  C  C  I  R  C  C  D  B  U  H  Q  I  O
R  P  C  L  Q  Ờ  V  V  T  C  Í  R  Ẽ  N
O  R  Y  U  P  H  I  C  Ô  N  G  Y  U  U
N  P  H  I  H  À  N  H  Đ  O  À  N  Q  U
```

ĐỘ CAO
KHÔNG KHÍ
BÓNG
XÂY DỰNG
PHI HÀNH ĐOÀN
HẠ XUỐNG
THIẾT KẾ
HƯỚNG
ĐỘNG CƠ
NHIÊN LIỆU

CHIỀU CAO
LỊCH SỬ
HYDRO
ĐỔ BỘ
PHÓNG
HÀNH KHÁCH
PHI CÔNG
CÁNH QUẠT
BẦU TRỜI

62 - Ocean

```
T  T  M  C  N  K  C  A  L  C  M  N  T  I
M  B  Ọ  T  B  I  Ể  N  B  M  C  Y  H  Q
I  N  Y  R  Ã  C  G  P  D  H  H  U  Ử  T
T  V  T  Ả  O  U  H  O  T  S  U  K  Y  T
R  Ù  A  L  T  A  C  I  G  P  Ứ  B  T  R
C  O  A  Ạ  Á  C  Á  M  Ậ  P  Q  A  R  T
B  M  O  I  P  Á  Á  L  Ư  Ơ  N  Q  I  Ô
R  U  O  G  O  N  N  H  Y  K  U  T  Ề  M
M  I  B  L  K  G  B  À  E  M  O  M  U  D
N  U  G  P  B  Ừ  O  U  S  O  B  A  L  C
N  H  Ố  D  C  L  K  N  A  B  H  Q  P  Á
H  R  V  I  L  Y  O  R  N  Q  B  D  M  V
K  Y  M  V  Y  B  Ạ  C  H  T  U  Ộ  C  O
R  O  N  G  B  I  Ể  N  Ô  B  U  A  Q  I
```

TẢO	MUỐI
SAN HÔ	RONG BIỂN
CUA	CÁ MẬP
CÁ HEO	TÔM
LƯƠN	BỌT BIỂN
CÁ	BÃO TÁP
SỨA	THỦY TRIỀU
BẠCH TUỘC	CÁ NGỪ
HÀU	RÙA
TRẢ LẠI	CÁ VOI

63 - Birds

```
T  U  I  L  H  O  D  L  M  M  U  C  T  M
O  C  O  T  T  H  I  Ê  N  N  G  A  V  Y
T  O  U  C  A  N  Ẽ  A  M  U  B  N  Ị  R
C  O  N  V  Ẹ  T  C  B  F  D  N  Q  T  N
H  P  I  H  C  Y  Y  R  L  H  Q  Y  I  Đ
I  Đ  P  P  V  C  Ê  C  A  N  A  R  Y  Ạ
M  À  C  H  I  M  C  U  M  C  O  O  A  I
C  Đ  Ò  U  Q  C  Ô  M  I  H  Q  O  D  B
Á  I  T  A  Y  O  N  I  N  I  M  O  Q  À
N  Ể  T  R  Ứ  N  G  G  M  Y  L  T  N
H  U  I  O  G  Q  G  A  O  S  R  B  G  G
C  O  N  K  Q  U  K  Ỗ  Y  Ẻ  I  O  G  C
Ụ  P  G  G  V  Ạ  G  A  N  L  Y  I  Q  À
T  Q  L  B  Ồ  N  Ô  N  G  G  Y  Q  N  Q
```

CANARY	DIỆC
GÀ	ĐÀ ĐIỂU
CON QUẠ	CON VẸT
CHIM CU	CÔNG
YÊU	BỒ NÔNG
VỊT	CHIM CÁNH CỤT
ĐẠI BÀNG	CHIM SẺ
TRỨNG	CÒ
FLAMINGO	THIÊN NGA
NGỖNG	TOUCAN

64 - Art

```
C  Ả  M  H  Ứ  N  G  P  H  Ứ  C  T  Ạ  P
H  H  T  R  U  N  G  T  H  Ự  C  B  K  U
N  P  Ủ  P  T  D  Ố  R  N  R  V  D  I  K
D  I  U  Đ  L  L  C  Ự  M  H  K  G  C  N
N  M  L  R  Ề  Y  Á  C  O  T  K  D  T  Đ
B  M  N  N  G  P  N  Q  T  H  Ơ  O  H  I
I  I  B  T  B  V  H  U  Q  À  U  G  B  Ê
Ể  M  Ể  O  Â  N  Â  A  K  N  G  Ố  M  U
U  B  G  U  H  M  N  N  G  H  C  C  H  K
T  L  U  K  H  R  T  G  M  P  O  Q  M  H
Ư  T  U  C  M  I  A  R  U  H  C  M  D  Ắ
Ợ  V  C  L  Q  V  Ễ  C  Ạ  Ầ  C  D  U  C
N  A  K  T  T  Y  P  N  G  N  N  U  U  M
G  I  G  P  U  P  U  Đ  Ơ  N  G  I  Ả  N
```

GỐM	CÁ NHÂN
PHỨC TẠP	THƠ
THÀNH PHẦN	ĐIÊU KHẮC
BIỂU HIỆN	ĐƠN GIẢN
TRUNG THỰC	CHỦ ĐỀ
CẢM HỨNG	BIỂU TƯỢNG
TÂM TRẠNG	TRỰC QUAN
GỐC	

65 - Nutrition

```
C  B  U  Đ  Ộ  C  T  Ố  R  O  V  Y  L  N
U  A  N  M  T  I  P  I  A  O  Q  N  M  U
H  V  L  Ê  N  M  E  N  Ê  N  U  T  R  L
Ư  P  R  O  T  E  I  N  C  U  Y  H  C  C
Ơ  R  H  Ă  N  K  I  Ê  N  G  H  T  C  H
N  C  Â  N  B  Ằ  N  G  G  O  T  Ó  Q  Ấ
G  T  H  Ó  I  Q  U  E  N  Ă  M  I  A  T
V  L  S  Ứ  C  K  H  Ỏ  E  N  Đ  A  D  L
Ị  K  H  Ỏ  E  M  Ạ  N  H  Đ  B  Ắ  Q  Ỏ
C  H  Ấ  T  L  Ư  Ợ  N  G  Ư  R  O  N  N
N  V  I  T  A  M  I  N  A  Ợ  T  I  Q  G
G  C  Q  Q  T  K  N  Ư  Ớ  C  X  Ố  T  Q
O  C  A  R  B  O  H  Y  D  R  A  T  E  C
N  L  Q  V  C  Â  N  N  Ặ  N  G  D  T  C
```

NGON	THÓI QUEN
CÂN BẰNG	SỨC KHỎE
ĐẮNG	KHỎE MẠNH
CALO	CHẤT LỎNG
CARBOHYDRATE	PROTEIN
ĂN KIÊNG	CHẤT LƯỢNG
TIÊU HÓA	NƯỚC XÓT
ĂN ĐƯỢC	ĐỘC TỐ
LÊN MEN	VITAMIN
HƯƠNG VỊ	CÂN NẶNG

66 - Hiking

```
R Q B M C D G I À Y Ố N G Y
N Ư Ớ C K A C D R A P B K O
M Đ K C Ắ M T R Ạ I Y Ả V U
V Á C H Đ Á C H L B M N G M
M T Ô L Í C P H L Q U Đ G Ố
M A N Ú I H P M U Ỗ I Ồ R I
M C G Y A P Ậ R C Ẩ M Q O N
Ặ R V L K U O U T M N Ặ N G
T H I Ê N N H I Ê N Ễ B T U
T C Ê H Ư Ớ N G D Ẫ N T Ị Y
R D N Đ Ộ N G V Ậ T C R O H
Ờ H O A N G D Ã Q V G N Y I
I S Ự Đ Ị N H H Ư Ớ N G V Ể
A P V U L G Y V B B T G I M
```

ĐỘNG VẬT	NÚI
GIÀY ỐNG	THIÊN NHIÊN
CẮM TRẠI	SỰ ĐỊNH HƯỚNG
VÁCH ĐÁ	CÔNG VIÊN
KHÍ HẬU	CHUẨN BỊ
HƯỚNG DẪN	ĐÁ
MỐI NGUY HIỂM	MẶT TRỜI
NẶNG	MỆT
BẢN ĐỒ	NƯỚC
MUỖI	HOANG DÃ

67 - Professions #1

```
T  N  Y  I  J  R  T  C  B  P  U  V  B  C
H  G  M  C  T  E  P  H  L  L  Q  O  I  L
Ủ  Â  M  A  U  I  W  T  Ợ  U  C  D  Ê  D
Y  Ñ  B  Á  C  S  Ĩ  E  Y  M  L  T  N  G
T  H  Ợ  S  Ă  N  H  Q  L  B  A  I  T  U
H  À  V  H  N  L  R  Q  M  E  V  Y  Ậ  Đ
Ủ  N  R  Q  D  L  T  V  L  R  R  N  P  Ạ
Q  G  K  K  Ư  H  M  Y  C  O  L  L  V  I
V  R  O  R  Ợ  R  N  C  M  Y  T  Á  I  S
L  Í  N  H  C  Ứ  U  H  Ỏ  A  L  P  Ê  Ứ
L  U  Ậ  T  S  Ư  V  G  Ạ  V  Ự  A  N  I
C  R  K  Y  Ĩ  O  N  V  L  C  C  N  G  I
V  Ũ  C  Ô  N  G  N  D  K  Q  S  T  V  M
N  H  À  K  H  O  A  H  Ọ  C  Ĩ  Ĩ  Y  K
```

ĐẠI SỨ
LỰC SĨ
LUẬT SƯ
NGÂN HÀNG
VŨ CÔNG
BÁC SĨ
BIÊN TẬP VIÊN
LÍNH CỨU HỎA
THỢ SĂN

JEWELER
NHẠC SĨ
Y TÁ
DƯỢC SĨ
PLUMBER
THỦY THỦ
NHÀ KHOA HỌC
THỢ MAY

68 - Dinosaurs

```
R  R  H  Y  A  B  U  K  Y  N  I  C  D  K
L  M  K  Y  I  I  Ò  C  Á  N  H  M  G  T
T  K  Q  L  B  Ế  N  S  Q  Q  L  I  K  I
H  Í  V  O  P  N  T  R  Á  I  Đ  Ấ  T  Ế
Ờ  C  V  O  I  M  A  M  Ú  T  B  M  O  N
I  H  L  M  A  Ấ  H  A  L  A  Q  Đ  M  H
T  T  U  L  L  T  Ó  U  L  R  Y  U  A  Ó
I  H  Ẩ  K  B  R  A  P  T  O  R  Ô  Y  A
Ề  Ư  N  M  P  A  T  V  D  L  À  I  A  Y
N  Ớ  Q  P  Y  H  H  R  V  M  R  I  O  N
S  C  U  V  Q  B  Ạ  L  T  D  U  C  V  H
Ử  O  Ẩ  V  V  H  C  P  Ớ  Q  A  L  D  H
M  Ạ  N  H  M  Ẽ  H  P  B  N  C  L  Q  P
A  P  Y  Q  H  O  M  N  I  V  O  R  E  C
```

BIẾN MẤT	THỜI TIỀN SỬ
TRÁI ĐẤT	RAPTOR
TIẾN HÓA	BÒ SÁT
HÓA THẠCH	KÍCH THƯỚC
LỚN	LOÀI
VOI MA MÚT	ĐUÔI
OMNIVORE	LUẨN QUẨN
MẠNH MẼ	CÁNH

69 - Barbecues

```
B G B P H T T R Á I C Â Y G
D Q I P R H R R G R P R U I
U I B A U Ứ Ò A À U T H G A
T N Ó N G C C U G U I O C Đ
A R O M D Ă H T M N M P À Ì
I U Ẻ Y B N Ơ V K O P D C N
R A P E Y N I N P O Y U H H
T B H I M U Ố I Ư C U L U T
B Ạ N B È R F Đ U Ớ L D A O
Â M N H Ạ C O G Ó U C N N L
B Ữ A T Ố I R H T I Y X A Y
N Ư Ớ N G V K M Ù A H È Ố Y
R K N L G Y S A L A D S Y T
I L N A O L P Q G M H I T U
```

GÀ
TRẺ EM
BỮA TỐI
GIA ĐÌNH
THỨC ĂN
FORKS
BẠN BÈ
TRÁI CÂY
TRÒ CHƠI
NƯỚNG

NÓNG
ĐÓI
DAO
ÂM NHẠC
SALADS
MUỐI
NƯỚC XÓT
MÙA HÈ
CÀ CHUA
RAU

70 - Surfing

```
U  R  R  B  G  U  N  V  P  P  V  C  R  Q
C  V  K  C  K  D  U  U  R  U  Q  Ự  G  U
L  V  M  A  B  Ọ  T  I  T  U  Đ  C  P  Á
B  Ã  I  B  I  Ể  N  V  O  G  Á  C  A  N
N  S  Ó  N  G  V  K  Ẻ  P  L  M  L  C  Q
L  M  N  G  Ư  Ờ  I  B  Ắ  T  Đ  Ầ  U  U
C  Ự  S  Ứ  C  M  Ạ  N  H  R  Ô  V  L  Â
T  Ố  C  Đ  Ộ  H  M  Q  P  Ả  N  L  Y  N
H  L  H  S  C  H  È  U  C  L  G  B  A  M
B  Ụ  N  G  Ĩ  R  I  O  V  Ạ  P  Q  A  R
T  H  Ờ  I  T  I  Ế  T  O  I  I  H  I  P
D  L  T  P  H  O  N  G  C  Á  C  H  U  P
Đ  Ạ  I  D  Ư  Ơ  N  G  T  N  L  V  H  N
G  R  Q  I  L  P  R  P  H  Ổ  B  I  Ế  N
```

LỰC SĨ	PHỔ BIẾN
BÃI BIỂN	TRẢ LẠI
NGƯỜI BẮT ĐẦU	TỐC ĐỘ
QUÁN QUÂN	PHUN
ĐÁM ĐÔNG	BỤNG
CỰC	SỨC MẠNH
BỌT	PHONG CÁCH
VUI VẺ	SÓNG
ĐẠI DƯƠNG	THỜI TIẾT
CHÈO	

71 - Chocolate

```
N  K  V  M  C  Ô  N  G  T  H  Ứ  C  C  A
Đ  G  C  Đ  A  P  G  V  H  O  Q  A  H  N
Ậ  O  O  Ắ  L  U  Ọ  K  À  K  K  R  Ấ  T
U  U  P  N  O  O  T  N  N  H  U  A  T  I
P  B  V  G  O  P  V  A  H  K  M  M  L  O
H  N  R  Y  A  M  B  M  P  Ẹ  L  E  Ư  X
Ộ  Ư  B  M  B  H  Ộ  K  H  O  T  L  Ợ  I
N  G  Ơ  I  Q  A  T  P  Ầ  Q  L  T  N  D
G  D  G  N  A  N  H  L  N  O  C  P  G  A
D  I  D  B  G  K  Ơ  U  I  B  H  G  G  N
Ừ  T  A  D  N  V  M  N  H  L  Y  M  G  T
A  Đ  Ư  Ờ  N  G  Ị  C  A  C  A  O  L  C
Y  Ê  U  T  H  Í  C  H  H  L  T  N  R  N
K  Ỳ  L  Ạ  T  L  L  C  V  Ị  R  P  Y  Q
```

ANTIOXIDANT	YÊU THÍCH
THƠM	HƯƠNG VỊ
ĐẮNG	THÀNH PHẦN
CACAO	ĐẬU PHỘNG
CALO	BỘT
KẸO	CHẤT LƯỢNG
CARAMEL	CÔNG THỨC
DỪA	ĐƯỜNG
NGON	NGỌT
KỲ LẠ	VỊ

72 - Vegetables

```
A C T T A R D Ư A C H U Ộ T
O Ủ Q K T I A B T T K C H Ỏ
B C U L K R C U S O H P À I
Ô Ả Ả M N C À À B A V U N I
N I B Ù N I C M T I L Y H K
G Q Í I C Ủ H Ẹ R Í N A V H
C Ầ N T Â Y U U M C M A D C
Ả U G Â M C A C I L M C O P
I P Ô Y T A G B Y V U P A G
X C À R Ố T Ừ S Ú P L Ơ V B
A Ô L I U I N L L N G Q D D
N K K B M S G N Ấ M G O K B
H Đ Ậ U U Ô P A Q N T O U K
D A O D H N D O L U Y B T O
```

ATISÔ	Ô LIU
BÔNG CẢI XANH	HÀNH
CÀ RỐT	MÙI TÂY
SÚP LƠ	ĐẬU
CẦN TÂY	QUẢ BÍ NGÔ
DƯA CHUỘT	SALAD
CÀ TÍM	CỦ HẸ
TỎI	RAU BINA
GỪNG	CÀ CHUA
NẤM	CỦ CẢI

73 - Boats

```
V  G  P  V  A  S  Y  K  Y  V  A  B  D  H
Y  Y  A  I  H  Ô  A  A  N  K  L  I  U  Ả
P  H  I  H  À  N  H  Đ  O  À  N  Ể  T  I
B  Ồ  I  V  I  G  P  O  G  C  R  N  H  L
T  O  A  Y  P  H  A  O  T  D  G  U  U  Ý
C  H  X  U  Ồ  N  G  Q  H  Â  N  H  Y  P
Đ  Ộ  Ủ  K  A  Y  A  K  Ủ  Y  E  P  Ề  H
Ộ  Ạ  T  Y  U  B  Q  U  Y  T  O  V  N  À
N  R  I  B  T  È  A  A  T  H  D  O  C  K
G  K  U  D  U  R  P  A  H  Ừ  B  Y  V  R
C  G  M  Y  Ư  Ồ  I  N  Ủ  N  L  I  B  D
Ơ  L  G  K  U  Ơ  M  Ề  H  G  Q  B  G  K
H  T  H  U  Y  Ề  N  B  U  Ồ  M  Q  C  G
Q  O  C  L  A  Y  C  G  G  I  V  K  I  I
```

NEO	HẢI LÝ
PHAO	ĐẠI DƯƠNG
XUỒNG	BÈ
PHI HÀNH ĐOÀN	SÔNG
DOCK	DÂY THỪNG
ĐỘNG CƠ	THUYỀN BUỒM
PHÀ	THỦY THỦ
KAYAK	BIỂN
HỒ	THỦY TRIỀU
CỘT BUỒM	DU THUYỀN

74 - Activities and Leisure

```
D  Q  P  M  Y  B  Ó  N  G  C  H  À  Y  B
U  U  C  O  G  U  R  A  U  O  A  I  G  Ó
L  À  M  V  Ư  Ờ  N  B  Ơ  I  L  Ộ  I  N
Ị  C  U  V  L  L  B  U  H  K  Ặ  F  L  G
C  Ắ  A  S  O  Y  L  R  U  B  N  C  Ư  Đ
H  M  S  A  Ở  B  Ó  N  G  R  Ổ  Â  Ớ  Á
C  T  Ắ  D  O  T  T  Q  N  U  B  U  T  K
B  R  M  P  Q  A  H  G  U  Y  H  C  A  H
Y  Ạ  P  B  U  V  Ư  Í  I  Ầ  H  Á  A  T
V  I  K  A  R  G  G  T  C  B  N  M  I  C
L  B  R  G  D  B  I  P  D  H  L  V  P  M
T  I  G  Y  B  U  Ã  A  N  N  A  D  Ợ  G
Q  U  Y  Ề  N  A  N  H  H  Y  G  L  M  T
B  Ứ  C  T  R  A  N  H  V  P  T  P  I  D
```

BÓNG CHÀY	BỨC TRANH
BÓNG RỔ	THƯ GIÃN
QUYỀN ANH	MUA SẮM
CẮM TRẠI	BÓNG ĐÁ
LẶN	LƯỚT
CÂU CÁ	BƠI LỘI
LÀM VƯỜN	QUẦN VỢT
GOLF	DU LỊCH
SỞ THÍCH	

75 - Driving

```
N A N T O À N A L B R K C V
D M G G I A O T H Ô N G H H
N X Ư I U V H I N I L M K Í
X E Ờ Ấ G Y C V G A D M V B
E H I Y X A H Y B O Q K U Ả
M Ơ L P E P R I Đ Ư Ờ N G N
Á I Á H T H T A Ể B G C N Đ
Y C I É Ả A Ố M D M K R V Ồ
N Ả X P I N C T A I N Ạ N D
D N E Y M H Đ Ộ N G C Ơ O M
Q H D T M Ộ K C Q Q P R Đ
A S N H I Ê N L I Ễ U M P I
B Á Đ Ư Ờ N G H Ầ M M U V B
Y T A N H T Y A O B R I O Ộ
```

TAI NẠN	ĐỘNG CƠ
PHANH	XE MÁY
XE HƠI	ĐI BỘ
NGUY HIỂM	CẢNH SÁT
NGƯỜI LÁI XE	ĐƯỜNG
NHIÊN LIỆU	AN TOÀN
GA-RA	TỐC ĐỘ
KHÍ	GIAO THÔNG
GIẤY PHÉP	XE TẢI
BẢN ĐỒ	ĐƯỜNG HẦM

76 - Professions #2

```
N  H  À  H  Ó  A  H  Ọ  C  G  O  K  T  T
H  C  N  P  H  Ọ  A  S  Ĩ  I  U  C  C  R
À  H  H  T  O  Q  U  B  Á  A  U  V  I
X  Í  À  I  A  N  M  H  M  O  T  O  H  Ế
U  N  N  C  Y  S  M  C  M  S  H  N  C  T
Ấ  H  G  Ô  B  D  Ĩ  K  R  Ư  D  T  U  G
T  T  Ô  N  N  Ô  N  G  D  Â  N  C  B  I
B  R  N  G  I  M  T  H  Ử  T  H  Ư  Á  A
Ả  Ị  N  R  N  D  U  B  O  O  C  V  C  G
N  G  G  N  H  À  B  Á  O  Ạ  K  Ỹ  S  Ư
I  I  Ữ  G  I  Á  O  V  I  Ê  N  M  Ĩ  L
K  A  P  H  I  H  À  N  H  G  I  A  I  A
T  H  Á  M  T  Ử  H  Y  N  T  A  N  G  O
N  H  I  Ế  P  Ả  N  H  G  I  A  A  R  G
```

PHI HÀNH GIA
NHÀ HÓA HỌC
NHA SĨ
THÁM TỬ
KỸ SƯ
NÔNG DÂN
HOẠ
NHÀ BÁO
THỦ THƯ
NHÀ NGÔN NGỮ

HỌA SĨ
TRIẾT GIA
NHIẾP ẢNH GIA
BÁC SĨ
PHI CÔNG
CHÍNH TRỊ GIA
GIÁO SƯ
NHÀ XUẤT BẢN
GIÁO VIÊN

77 - Emotions

```
L  Ò  N  G  T  Ố  T  H  Ư  G  I  Ã  N  H
L  Ặ  N  G  N  Y  C  Ò  T  C  D  A  I  À
Y  Ê  N  B  Ì  N  H  A  G  M  Y  B  Ề  I
N  T  V  G  I  C  D  B  H  Y  D  B  M  L
B  V  R  K  Q  D  R  Ì  I  Y  A  G  V  Ò
R  A  D  A  Y  U  C  N  D  B  Ê  M  U  N
B  Ị  K  Í  C  H  T  H  Í  C  H  U  I  G
S  Ự  P  H  Ẫ  N  N  Ộ  Á  T  R  I  Â  N
C  Ả  M  T  H  Ô  N  G  R  N  U  Y  D  Ỗ
D  B  B  M  X  U  R  C  N  M  N  T  V  I
K  G  L  B  Ấ  B  A  D  H  P  Y  Ả  O  S
N  Ộ  I  D  U  N  G  I  A  M  A  I  N  Ợ
U  D  S  H  H  N  Ỗ  I  B  U  Ồ  N  C  U
M  T  S  D  Ổ  A  D  Ị  U  D  À  N  G  V
```

SỰ PHẪN NỘ	LÒNG TỐT
BLISS	YÊU
CHÁN NẢN	HÒA BÌNH
LẶNG	THƯ GIÃN
NỘI DUNG	NỖI BUỒN
XẤU HỔ	HÀI LÒNG
BỊ KÍCH THÍCH	CẢM THÔNG
NỖI SỢ	DỊU DÀNG
TRI ÂN	YÊN BÌNH
NIỀM VUI	

78 - Mythology

```
O L P H G A S S C A T C U M
N Q D R H U Ự I Á A H H M N
L S Ấ M E I B N C N Ả I I G
T É Á B N R Ấ H V H M Ế L U
T T I N T R T V Ị H H N O Y
M Q U P G H T Ậ T Ù Ọ B N Ê
C Ó C H Ế T Ử T H N A I H N
L Y G H N R Ạ C Ằ G O N T M
V N C Q I M V O N U U H T Ẫ
T R U Y Ề N T H U Y Ế T R U
K T C Q M Ê C U N G C T Ả Y
G B V B T V Ă N H O Á K T V
D Q U Á I V Ậ T C Q U M H Y
R I H À N H V I I H P V Ù G
```

NGUYÊN MẪU

HÀNH VI

NIỀM TIN

SÁNG TẠO

SINH VẬT

VĂN HOÁ

CÁC VỊ THẦN

THẢM HỌA

ANH HÙNG

SỰ BẤT TỬ

GHEN

MÊ CUNG

TRUYỀN THUYẾT

SÉT

QUÁI VẬT

CÓ CHẾT

TRẢ THÙ

SẤM

CHIẾN BINH

79 - Hair Types

```
D Y Y D O P O H G T K U N S
A B N B Ễ N D V L N A C N Á
I C L R C M À U X Á M I B N
K N H A P Ề I U O D À B O G
O B V I R M I V Ă R U B D B
R L C D M T R Ắ N G B H P Ó
U P P S À K H Ỏ E M Ạ N H N
G U U K U Y H L Ỏ C A Ó G
R M K H N O V Ô Q N R O I L
T Đ N Y Â H D R B G A D U G
V E N G U T Ó C V À N G B L
L N N Q Ắ C U R L S C G T V
I V A H T N O M V T R C N R
B V A O P A D B O A N G V P
```

HÓI	MÀU XÁM
ĐEN	KHỎE MẠNH
TÓC VÀNG	DÀI
BỆN	SÁNG BÓNG
BRAIDS	NGẮN
MÀU NÂU	BẠC
MÀU	MỀM
CURLS	DÀY
XOĂN	MỎNG
KHÔ	TRẮNG

80 - Furniture

```
G  C  T  B  B  N  B  Đ  Ệ  M  L  T  O  G
G  L  I  L  À  C  Ă  K  M  H  T  H  O  P
Q  N  V  Õ  N  G  N  C  B  G  L  Ả  Q  O
O  M  K  H  T  G  G  Ư  Ơ  N  G  M  T  B
N  O  A  M  V  A  G  H  Ế  B  À  N  H  P
C  G  P  G  A  V  H  P  G  U  C  H  Ă  N
G  I  R  L  V  R  Ế  B  H  H  C  R  Q  V
P  Ư  O  N  V  H  M  P  C  B  Ế  È  L  M
I  Ờ  T  D  N  Y  C  O  Á  N  Ễ  M  D  G
T  N  C  Q  A  Q  O  T  I  K  A  C  Q  P
R  G  I  G  P  D  V  G  G  R  D  Ử  T  H
A  H  Đ  I  V  Ă  N  G  Ố  U  E  A  N  Y
N  B  A  È  O  I  M  P  I  I  P  Q  Q  D
P  H  O  O  N  N  Y  K  Ệ  P  G  P  G  C
```

GHẾ BÀNH	BÀN
ARMOIRE	VÕNG
GIƯỜNG	ĐÈN
BĂNG GHẾ	NỆM
GHẾ	GƯƠNG
CHĂN	CÁI GỐI
ĐI VĂNG	THẢM
RÈM CỬA	KỆ
ĐỆM	

81 - Garden

```
H O A T U V R X M Q V B L B
B À Đ Á Ấ T K Ẻ A D Ư I C M
V Õ N G H M P N S T Ờ A B B
B Ò C G D O B G Â V N O R T
P B I A R C H Ạ N O Q B L H
M M N G L À O A T O R H V Ẻ
R Q M N I O O L H D H R P M
B Ă N G G H Ế L Ư C R C A H
Y O R P H D Y B Ợ Đ Ấ T H P
V I V Y V P B Ụ N I G R W U
U M R M Q C D I G A R A E H
L P P R C D T C Ỏ M V D E R
N R T V O M C Â Y R K G D I
Q H I Ê N A N Y Y C K V S L
```

BĂNG GHẾ	AO
BỤI CÂY	HIÊN
HÀNG RÀO	CÀO
HOA	ĐÁ
GA-RA	XẺNG
VƯỜN	ĐẤT
CỎ	SÂN THƯỢNG
VÕNG	TẤM BẠT
VÒI	CÂY
THẺ	WEEDS

82 - Birthday

```
T  V  H  D  Q  I  Y  P  T  S  B  Á  N  H
U  K  U  U  O  U  M  U  Q  Ự  À  A  V  T
Y  G  M  I  N  B  À  C  A  K  I  N  V  H
Ệ  T  R  Ẻ  V  T  C  T  Đ  H  H  Ế  Ă  Ẻ
T  V  Q  P  U  Ẻ  C  A  Ặ  Ô  Á  N  L  M
B  Ạ  N  B  È  P  I  U  C  N  T  D  Ễ  C
T  H  Ờ  I  G  I  A  N  B  N  G  B  Ă  G
D  H  Y  I  G  A  R  L  I  G  V  U  N  O
N  G  À  Y  R  P  H  O  Ẽ  O  Q  Y  M  I
Y  Y  K  P  Y  Q  U  N  T  A  B  N  Ừ  P
Q  G  U  Y  Q  U  N  A  A  N  V  A  N  B
V  Q  R  D  T  L  Ờ  I  M  Ờ  I  I  G  A
D  I  L  C  L  Ị  C  H  Á  T  M  D  B  Y
O  Y  Y  H  O  G  D  L  M  U  K  P  I  Y
```

BÁNH	TUYỆT
LỊCH	LỜI MỜI
NẾN	BÀI HÁT
THẺ	ĐẶC BIỆT
LỄ ĂN MỪNG	THỜI GIAN
NGÀY	HÁT
BẠN BÈ	SỰ KHÔN NGOAN
VUI VẺ	NĂM
QUÀ TẶNG	TRẺ

83 - Beach

```
M  T  D  I  H  Y  Q  Y  L  K  D  N  V  D
Ặ  N  G  P  V  A  I  C  P  M  A  É  V  O
T  H  U  Y  Ề  N  B  U  Ồ  M  Y  N  P  C
T  H  U  Y  Ề  N  Ờ  A  Đ  Ả  O  C  T  K
R  D  U  R  O  L  B  B  Ạ  V  G  Á  R  K
Ờ  O  G  Y  H  D  I  T  I  P  B  T  Ả  Ỳ
I  H  B  Q  G  B  Ể  L  D  Ể  O  G  L  N
V  C  Q  A  R  M  N  U  Ư  R  N  I  Ạ  G
G  V  L  I  U  Y  C  H  Ơ  G  T  R  I  H
G  N  T  K  Y  K  D  V  N  Đ  A  V  A  Ỉ
M  À  U  X  A  N  H  Ỏ  G  Ầ  R  G  U  L
M  A  A  L  A  P  B  Ă  L  M  K  V  U  K
N  G  K  A  L  N  I  U  N  B  Q  R  N  Ô
K  P  V  U  Q  U  O  Q  O  Q  T  B  T  L
```

MÀU XANH	THUYỀN BUỒM
THUYỀN	CÁT
BỜ BIỂN	DÉP
CUA	BIỂN
DOCK	VỎ
ĐẢO	MẶT TRỜI
ĐẦM	KHĂN
ĐẠI DƯƠNG	KỲ NGHỈ
TRẢ LẠI	

84 - Adjectives #1

```
N  Đ  Ẹ  P  G  T  I  N  G  I  C  H  G  Y
G  Ầ  H  V  C  Y  D  N  Y  C  N  R  M  C
H  Y  A  T  R  U  N  G  T  H  Ự  C  Q  I
I  T  L  Q  Q  H  G  U  Y  L  A  K  T  H
Ê  H  H  U  V  C  H  Ậ  M  Ỏ  N  G  D  T
M  A  I  A  U  K  Ễ  U  C  M  Q  C  M  V
T  M  Ệ  N  I  H  T  U  Y  Ệ  T  Đ  Ố  I
R  V  N  T  V  Ổ  H  Ữ  U  Í  C  H  R  Q
Ọ  Ọ  Đ  R  Ẻ  N  U  T  B  K  C  L  L  Q
N  N  Ạ  Ọ  O  G  Ậ  C  H  V  Ỳ  G  Q  C
G  G  I  N  K  L  T  Ố  I  Ơ  D  L  V  K
C  K  C  G  G  Ồ  G  O  N  Y  M  H  Ạ  H
H  Ấ  P  D  Ẫ  N  Ặ  N  G  M  H  A  R  O
R  Ộ  N  G  L  Ư  Ợ  N  G  Q  U  Ý  Q  G
```

TUYỆT ĐỐI
ĐẦY THAM VỌNG
THƠM
NGHỆ THUẬT
HẤP DẪN
ĐẸP
TỐI
KỲ LẠ
RỘNG LƯỢNG
VUI VẺ

NẶNG
HỮU ÍCH
TRUNG THỰC
KHỔNG LỒ
QUAN TRỌNG
HIỆN ĐẠI
NGHIÊM TRỌNG
CHẬM
MỎNG
QUÝ

85 - Rainforest

```
D  Q  G  M  C  B  S  Q  Đ  Y  U  T  Y  C
B  L  R  P  Q  G  Ự  L  P  Á  R  Ê  U  Y
A  C  O  L  A  H  S  C  H  I  M  P  K  Y
S  Ộ  L  À  C  V  Ố  U  Y  A  Y  M  T  N
Ự  N  T  H  I  Ê  N  N  H  I  Ê  N  Â  P
T  G  U  R  Ừ  N  G  Q  U  Ý  U  G  K  Y
Ô  Đ  N  Q  Q  K  C  Ô  N  T  R  Ù  N  G
N  Ồ  K  G  K  U  Ò  K  H  Í  H  Ậ  U  Y
T  N  L  N  B  U  N  T  H  Ự  C  V  Ậ  T
R  G  S  Ự  B  Ả  O  T  Ồ  N  R  P  T  N
Ọ  G  I  D  A  C  N  R  E  F  U  G  E  L
N  Q  V  H  K  A  G  Đ  B  O  L  T  V  R
G  P  H  Ụ  C  H  Ồ  I  Ị  V  L  A  K  R
Đ  A  D  Ạ  N  G  C  R  T  A  M  Y  M  M
```

CHIM	RÊU
THỰC VẬT	THIÊN NHIÊN
KHÍ HẬU	SỰ BẢO TỒN
ĐÁM MÂY	REFUGE
CỘNG ĐỒNG	SỰ TÔN TRỌNG
ĐA DẠNG	PHỤC HỒI
BẢN ĐỊA	LOÀI
CÔN TRÙNG	SỰ SỐNG CÒN
RỪNG	QUÝ

86 - Technology

```
U  Y  B  T  R  Ư  N  G  B  À  Y  M  H  B
D  Ữ  L  I  Ệ  U  Ộ  H  P  D  P  C  À  A
K  T  C  Y  O  V  I  K  P  P  C  V  B  N
Q  Ỹ  M  Á  Y  Ả  N  H  O  H  H  U  N  N
K  T  T  C  Q  Y  O  I  K  Ầ  H  N  O  I
B  R  Ậ  H  N  G  H  I  Ê  N  C  Ứ  U  N
L  Ì  P  Ữ  U  Y  R  D  A  M  Q  Y  Q  H
O  N  T  R  N  Ậ  P  Y  C  Ề  P  V  L  Q
G  H  I  O  A  B  T  V  A  M  Q  I  P  T
A  D  N  G  O  Y  M  S  C  O  N  T  R  Ỏ
R  U  C  Y  G  Q  B  A  Ố  B  Y  M  V  C
A  Y  T  H  Ô  N  G  Đ  I  Ệ  P  N  T  C
M  Ễ  P  C  Y  I  N  T  E  R  N  E  T  M
L  T  H  Ố  N  G  K  Ê  V  I  R  Ú  T  C
```

BLOG	INTERNET
TRÌNH DUYỆT	THÔNG ĐIỆP
NỘI	NGHIÊN CỨU
MÁY ẢNH	MÀN
CON TRỎ	AN NINH
DỮ LIỆU	PHẦN MỀM
KỸ THUẬT SỐ	THỐNG KÊ
TRƯNG BÀY	ẢO
TẬP TIN	VI RÚT
CHỮ	

87 - Landscapes

```
T  S  Ô  N  G  I  T  Ố  B  P  M  H  Ồ  L
Y  A  T  Ú  M  G  A  L  C  G  K  A  I  Ã
P  M  B  I  Đ  V  Á  C  H  Đ  Á  N  L  N
Y  Ạ  I  Ã  Ồ  Ả  P  D  I  P  Ả  G  S  H
T  C  I  D  I  M  O  B  I  O  R  O  Ô  N
G  Q  Y  A  L  B  B  Á  N  Đ  Ả  O  N  G
B  G  T  A  N  Ú  I  L  Ử  A  V  T  G  U
M  U  I  A  H  K  Ể  Ể  Q  I  O  H  B  Y
Đ  Ạ  I  D  Ư  Ơ  N  G  N  V  I  Á  Ă  Ê
C  Ử  A  S  Ô  N  G  M  H  B  L  C  N  N
U  Q  G  O  T  H  U  N  G  L  Ũ  N  G  H
N  B  C  A  U  B  M  B  A  T  R  Ư  D  V
C  R  Y  R  M  R  C  M  G  M  I  Ớ  Y  P
Y  N  T  T  B  Đ  Ầ  M  L  Ầ  Y  C  Q  H
```

BÃI BIỂN	ỐC ĐẢO
HANG	ĐẠI DƯƠNG
VÁCH ĐÁ	BÁN ĐẢO
SA MẠC	SÔNG
CỬA SÔNG	BIỂN
SÔNG BĂNG	ĐẦM LẦY
ĐỒI	LÃNH NGUYÊN
ĐẢO	THUNG LŨNG
HỒ	NÚI LỬA
NÚI	THÁC NƯỚC

88 - Visual Arts

```
Đ  N  L  Ả  M  S  Y  R  A  O  D  L  C  T
Ồ  B  G  N  O  Á  T  M  I  R  T  U  K  D
G  Q  Ứ  H  L  P  C  C  Y  P  P  I  I  N
Ố  U  K  C  Ệ  M  P  C  R  P  B  D  Ế  K
M  A  I  H  T  S  C  H  Â  N  D  U  N  G
G  N  Ệ  Ụ  T  R  Ĩ  P  I  B  V  U  T  R
I  Đ  T  P  L  V  A  N  I  M  Ễ  U  R  P
Ấ  I  T  H  M  U  A  N  G  K  Ả  M  Ú  H
Y  Ể  Á  Đ  I  Ê  U  K  H  Ắ  C  N  C  Ấ
N  M  C  B  Ú  T  C  H  Ì  Y  Q  D  H  N
Ế  T  H  À  N  H  P  H  Ầ  N  U  Q  B  K
N  C  Á  I  B  Ú  T  S  Á  N  G  T  Ạ  O
Đ  Ấ  T  S  É  T  O  Y  L  D  K  C  I  R
C  L  N  V  B  V  T  O  H  O  P  M  P  U
```

KIẾN TRÚC	CÁI BÚT
NGHỆ SĨ	BÚT CHÌ
PHẤN	QUAN ĐIỂM
ĐẤT SÉT	ẢNH CHỤP
THÀNH PHẦN	CHÂN DUNG
SÁNG TẠO	ĐỒ GỐM
VẼ	ĐIÊU KHẮC
PHIM ẢNH	GIẤY NẾN
KIỆT TÁC	SÁP
BỨC TRANH	

89 - Plants

```
Q  D  T  P  G  O  C  Á  N  H  H  O  A  O
U  R  U  B  P  A  Ỏ  Y  B  Ạ  O  N  I  D
Ả  R  I  P  I  N  N  Q  A  T  Q  A  P  K
M  Ê  R  C  Y  O  V  L  N  Đ  P  G  O  N
Ọ  U  Ừ  P  T  H  Ự  C  V  Ậ  T  H  Ọ  C
N  D  N  H  M  D  Q  U  U  U  V  O  K  F
G  U  G  Â  K  U  M  N  L  I  P  Y  H  L
X  Ư  Ơ  N  G  R  Ồ  N  G  A  C  Y  M  O
U  A  K  B  K  T  G  V  O  K  T  G  H  R
T  O  K  Ó  Ụ  N  G  U  Ồ  N  G  Ố  C  A
V  Ư  Ờ  N  L  I  Ố  T  H  Ự  C  V  Ậ  T
V  M  D  K  M  V  C  H  R  B  U  P  Y  N
C  Y  N  G  P  Y  Â  Â  A  E  Q  N  T  H
O  K  P  P  I  Q  Y  I  Y  L  Á  T  T  K
```

TRE	RỪNG
HẠT ĐẬU	VƯỜN
QUẢ MỌNG	CỎ
THỰC VẬT HỌC	IVY
BỤI CÂY	RÊU
XƯƠNG RỒNG	CÁNH HOA
PHÂN BÓN	NGUỒN GỐC
FLORA	GỐC
HOA	CÂY
LÁ	THỰC VẬT

90 - Countries #2

```
S  U  K  U  L  I  B  E  R  I  A  N  H  U
Y  O  C  N  M  E  X  I  C  O  A  H  Y  G
R  U  M  Đ  Q  E  B  H  I  V  P  Ậ  L  A
I  K  H  A  I  T  I  A  L  T  U  Ạ  N  N
A  R  G  N  L  H  I  V  N  R  A  B  P  D
C  A  K  M  À  I  B  A  N  O  M  Ả  D  A
Y  I  B  Ạ  O  O  A  M  D  H  N  N  P  R
S  N  P  C  M  P  P  A  K  I  S  T  A  N
U  A  B  H  V  I  J  A  M  A  I  C  A  C
D  L  U  P  A  A  U  P  M  P  H  D  P  N
A  M  I  P  K  A  L  B  A  N  I  A  A  E
N  I  G  E  R  I  A  U  P  L  R  Q  I  P
Y  G  G  B  L  U  H  C  C  G  K  P  M  A
D  C  A  I  L  T  Y  A  I  B  T  P  Q  L
```

ALBANIA	MEXICO
ĐAN MẠCH	NEPAL
ETHIOPIA	NIGERIA
HY LẠP	PAKISTAN
HAITI	NGA
JAMAICA	SOMALIA
NHẬT BẢN	SUDAN
LÀO	SYRIA
LEBANON	UGANDA
LIBERIA	UKRAINA

91 - Ecology

```
C  H  K  T  H  Ự  C  V  Ậ  T  T  D  U  C
M  Â  L  O  À  I  R  O  N  M  M  T  N  Ộ
Y  H  Y  À  O  V  T  Ự  N  H  I  Ê  N  N
C  O  N  N  O  D  H  M  V  D  U  K  L  G
D  N  O  C  T  À  I  N  G  U  Y  Ê  N  Đ
N  Ú  B  Ầ  H  C  Ê  K  H  Í  H  Ậ  U  Ồ
B  I  Đ  U  H  Ạ  N  H  Á  N  G  B  H  N
I  Ề  Ộ  D  O  Q  N  G  Đ  R  C  I  G  G
P  H  N  M  Q  C  H  A  Q  A  O  Ể  U  T
D  C  G  V  T  K  I  H  H  A  D  N  B  M
O  N  V  L  Ữ  T  Ê  P  L  H  L  Ạ  P  G
O  Q  Ậ  L  I  N  N  O  B  B  N  U  N  M
Y  T  T  O  T  Y  G  F  L  O  R  A  K  G
S  Ự  S  Ố  N  G  C  Ò  N  M  A  R  S  H
```

KHÍ HẬU	NÚI
CỘNG ĐỒNG	TỰ NHIÊN
ĐA DẠNG	THIÊN NHIÊN
HẠN HÁN	CÂY
ĐỘNG VẬT	TÀI NGUYÊN
FLORA	LOÀI
TOÀN CẦU	SỰ SỐNG CÒN
BIỂN	BỀN VỮNG
MARSH	THỰC VẬT

92 - Adjectives #2

```
R V C Y K D K H Ở E M Ạ N H
L P B H K D U K H U T R Ă P
G N U B T H Ú V Ị R Ự A N M
O M Ồ C A B G B R R N T G À
S Á N G T Ạ O K Ị C H Ự K U
M O N N C V T H Ậ T I H H M
B B G R Ổ C K Ô P O Ê À I Ở
M K Ủ A I I B Q C L N O Ế Q
C H O A N G D Ã C I A U U K
M Ặ N Q V L H A R T N L O R
Ô Ớ K N I P B K N Y Đ Ó I B
T A I C K V U P T H M Ạ N H
Ả T H A N H L Ị C H D Y O G
I T H V K H N D D V I I Y B
```

THẬT
SÁNG TẠO
MÔ TẢ
KỊCH
KHÔ
THANH LỊCH
NỔI DANH
NĂNG KHIẾU
KHỎE MẠNH
NÓNG

ĐÓI
THÚ VỊ
TỰ NHIÊN
MỚI
MÀU MỠ
TỰ HÀO
MẶN
BUỒN NGỦ
MẠNH
HOANG DÃ

93 - Math

```
M  V  A  M  R  H  D  O  O  T  L  R  G  D
Y  Q  U  Ả  N  G  T  R  Ư  Ờ  N  G  M  I
D  K  U  Ô  H  L  S  Ố  R  G  Ó  C  L  Ũ
T  B  H  Ì  N  H  H  Ọ  C  H  U  V  I  C
Ổ  G  C  M  Y  G  T  B  Á  N  K  Í  N  H
N  K  C  O  L  G  G  H  Đ  A  G  I  Á  C
G  B  A  U  K  N  I  Ó  Ậ  I  T  L  K  Â
S  O  N  G  S  O  N  G  C  P  L  Q  A  M
Ố  Đ  Ố  I  X  Ứ  N  G  T  U  P  M  P  L
H  P  H  Ư  Ơ  N  G  T  R  Ì  N  H  H  Ư
Ọ  H  Ì  N  H  C  H  Ữ  N  H  Ậ  T  Â  Ợ
C  Đ  Ư  Ờ  N  G  K  Í  N  H  D  V  N  N
T  A  M  G  I  Á  C  D  I  R  D  B  S  G
T  H  T  B  R  T  V  A  U  B  Q  O  Ố  O
```

GÓC	CHU VI
SỐ HỌC	VUÔNG GÓC
THẬP PHÂN	ĐA GIÁC
ĐƯỜNG KÍNH	BÁN KÍNH
PHƯƠNG TRÌNH	HÌNH CHỮ NHẬT
MŨ	QUẢNG TRƯỜNG
PHÂN SỐ	TỔNG
HÌNH HỌC	ĐỐI XỨNG
SỐ	TAM GIÁC
SONG SONG	ÂM LƯỢNG

94 - Water

```
T  T  N  I  N  I  I  Q  Y  C  V  Đ  A  O
U  H  N  L  I  P  R  A  L  Ơ  Ò  Ạ  O  T
Y  Ồ  Ủ  I  Y  O  L  P  T  N  I  I  O  Q
Ế  R  A  Y  O  D  I  I  P  B  H  D  G  M
T  O  O  R  L  Ũ  L  Ụ  T  Ã  O  Ư  B  G
H  A  C  P  B  Ợ  L  K  P  O  A  Ơ  R  Y
O  B  P  R  L  A  I  M  Ư  A  S  N  H  U
V  O  Đ  Ộ  Ẩ  M  Y  R  K  U  E  G  T  D
K  Ê  N  H  C  B  S  H  Ơ  I  N  Ư  Ớ  C
G  I  Ó  M  Ù  A  Ô  G  Ơ  V  U  L  O  D
V  B  R  S  Ư  Ơ  N  G  G  I  Á  Ố  G  P
N  Ư  Ớ  C  Đ  Á  G  E  Y  S  E  R  N  G
S  Ó  N  G  M  H  K  U  O  H  Y  Q  O  G
U  H  N  N  D  K  H  H  G  L  Y  O  H  T
```

KÊNH	ĐỘ ẨM
UỐNG	GIÓ MÙA
BAY HƠI	ĐẠI DƯƠNG
LŨ LỤT	MƯA
SƯƠNG GIÁ	SÔNG
GEYSER	VÒI HOA SEN
CƠN BÃO	TUYẾT
NƯỚC ĐÁ	HƠI NƯỚC
THỦY LỢI	SÓNG
HỒ	

95 - Activities

```
M  P  P  L  S  Ă  N  B  Ắ  N  H  L  M  N
C  A  M  Q  U  K  C  Ứ  V  T  O  À  A  H
B  Ắ  Y  N  N  H  I  C  Q  L  Ạ  M  T  I
Đ  I  M  U  I  Q  D  T  O  D  T  V  H  Ế
A  Ồ  Y  T  H  G  C  R  I  T  Đ  Ư  U  P
N  L  T  M  R  P  U  A  B  H  Ộ  Ờ  Ậ  Ả
Đ  Ọ  C  H  K  Ạ  Y  N  V  Ư  N  N  T  N
H  U  Â  G  Ủ  L  I  H  Y  G  G  O  L  H
À  N  U  R  K  C  G  I  Ả  I  T  R  Í  V
I  M  C  R  B  A  Ô  Q  T  Ã  L  B  T  D
L  Y  Á  I  Y  K  Ỹ  N  Ă  N  G  C  N  P
Ò  Y  C  Â  U  Đ  Ố  A  G  P  L  I  K  K
N  G  H  Ệ  T  H  U  Ậ  T  M  T  G  Y  U
G  T  R  Ò  C  H  Ơ  I  P  O  P  M  I  I
```

HOẠT ĐỘNG	MA THUẬT
NGHỆ THUẬT	BỨC TRANH
CẮM TRẠI	NHIẾP ẢNH
ĐỒ THỦ CÔNG	HÀI LÒNG
CÂU CÁ	CÂU ĐỐ
TRÒ CHƠI	ĐỌC
LÀM VƯỜN	THƯ GIÃN
SĂN BẮN	MAY
ĐAN	KỸ NĂNG
GIẢI TRÍ	

96 - Literature

```
Ý  K  B  À  I  T  H  Ơ  V  G  A  C  T  H
K  D  V  O  Ẩ  N  D  Ụ  Ầ  V  B  A  Ư  H
I  V  T  Á  C  G  I  Ả  N  T  I  G  Ơ  A
Ế  Y  U  I  M  U  H  B  S  O  S  Á  N  H
N  D  K  R  V  I  Ễ  N  T  Ư  Ở  N  G  T
P  H  Â  N  T  Í  C  H  G  H  O  Q  T  I
H  Ộ  I  T  H  O  Ạ  I  V  H  Ơ  D  Ự  Ể
O  A  N  T  I  Ể  U  T  H  U  Y  Ế  T  U
N  P  N  H  D  V  H  P  Q  G  I  B  P  S
G  B  I  K  Ị  C  H  Q  N  V  K  A  M  Ử
C  H  Ủ  Đ  Ề  P  P  M  R  Q  Q  N  O  K
Á  U  R  R  H  S  Ự  M  I  Ê  U  T  Ả  L
C  G  I  A  I  T  H  O  Ạ  I  O  D  G  A
H  P  H  Ầ  N  K  Ế  T  L  U  Ậ  N  G  C
```

TƯƠNG TỰ   ẨN DỤ
PHÂN TÍCH   TIỂU THUYẾT
GIAI THOẠI   Ý KIẾN
TÁC GIẢ   BÀI THƠ
TIỂU SỬ   THƠ
SO SÁNH   VẦN
PHẦN KẾT LUẬN   NHỊP
SỰ MIÊU TẢ   PHONG CÁCH
HỘI THOẠI   CHỦ ĐỀ
VIỄN TƯỞNG   BI KỊCH

97 - Geography

```
V H T H À N H P H Ố B U Q D
B Ĩ Ư M L Ụ C Đ Ị A Ả C U D
B D Đ Ớ Đ Ạ I D Ư Ơ N G Ố B
B K Ả Ộ N Ú I U M D Đ N C B
C I O Y A G A C G U Ồ T G N
C N Ể Q Y M T H L N M V I Đ
Y H O N D T L Â K P V U A Ộ
I T Y I K Q A Q Y D Q H K C
H U I A T C S K R B Ắ C K A
D Y I Y B O V M Y R L I V O
A Ế H G B D L B L M Q N R Q
T N K H U V Ự C B Á N C Ầ U
L Ã N H T H Ổ P H Í A N A M
T S Ô N G T H Ế G I Ớ I P A
```

ATLAS	NÚI
THÀNH PHỐ	BẮC
LỤC ĐỊA	ĐẠI DƯƠNG
QUỐC GIA	KHU VỰC
ĐỘ CAO	SÔNG
BÁN CẦU	BIỂN
ĐẢO	PHÍA NAM
VĨ ĐỘ	LÃNH THỔ
BẢN ĐỒ	HƯỚNG TÂY
KINH TUYẾN	THẾ GIỚI

98 - Pets

```
H  T  P  T  A  D  Ê  M  D  N  A  Q  U  Đ
G  A  H  T  M  Q  R  È  L  K  B  H  G  U
T  O  M  Ứ  U  R  Q  O  V  B  L  Q  B  Ô
Q  D  I  S  C  Á  D  C  H  Ó  R  Ù  A  I
U  B  Ò  Y  T  Ă  V  O  K  C  Y  K  Q  M
A  U  V  P  O  E  N  N  C  H  Ó  C  O  N
C  O  N  M  È  O  R  L  U  A  H  H  C  Ư
H  Ổ  Q  B  R  B  I  N  N  O  T  U  O  Ớ
U  B  Á  C  S  Ĩ  T  H  Ú  Y  H  Ộ  N  C
A  G  V  O  K  L  U  R  I  O  Ở  T  V  Q
C  O  N  T  H  Ằ  N  L  Ằ  N  I  O  Ẹ  D
N  D  D  P  R  B  L  Q  I  Y  Y  B  T  K
O  N  N  T  M  O  A  Y  N  O  G  O  Y  M
L  N  I  A  V  Q  G  K  V  Q  V  D  I  I
```

CON MÈO	CON THẰN LẰN
CỔ ÁO	CHUỘT
BÒ	CON VẸT
CHÓ	CHÓ CON
CÁ	THỎ
THỨC ĂN	ĐUÔI
DÊ	RÙA
HAMSTER	BÁC SĨ THÚ Y
MÈO CON	NƯỚC

99 - Nature

```
P G R S H S Ô N G B Ă N G Q
A R V T Ư R Đ K I Ắ H Ă L U
S A M Ạ C Ơ Ộ T C C O N H A
Ô T N O G O N G Đ C A G H N
N Ú I P V D G G Á Ự N Đ P T
G H A Q M H V H M C G Ộ X R
T K I P Y O Ậ U M Ù D N Ó Ọ
H L B Ẹ O K T P Â B Ã G I N
Á T C N T M K M Y C S U M G
N Q Q V Ẻ Đ Ẹ P D U E K Ò A
H R G K L U Ớ G P H R Ừ N G
U O P L K Á V I U L E M O L
H Ò A B Ì N H G K Y N V R R
M K B D O O D C R C E N R G
```

ĐỘNG VẬT	RỪNG
BẮC CỰC	SÔNG BĂNG
VẺ ĐẸP	NÚI
ONG	HÒA BÌNH
ĐÁM MÂY	SÔNG
SA MẠC	THÁNH
NĂNG ĐỘNG	SERENE
XÓI MÒN	NHIỆT ĐỚI
SƯƠNG MÙ	QUAN TRỌNG
LÁ	HOANG DÃ

100 - Vacation #2

```
H  H  A  H  X  Y  S  K  L  Đ  D  N  U  Y
À  I  K  P  E  V  Â  H  D  Ả  X  N  G  I
N  G  À  Y  L  Ễ  N  Á  N  O  E  M  H  G
H  Ú  R  D  Ử  B  B  C  Ắ  M  T  R  Ạ  I
T  C  I  K  A  Q  A  H  P  B  Ắ  Đ  B  Ả
R  C  K  C  M  V  Y  S  Y  P  C  I  Ã  I
Ì  B  K  C  U  P  Ậ  Ạ  T  K  X  Ể  I  T
N  B  I  Ể  N  R  O  N  R  T  I  M  B  R
H  B  Ả  N  Đ  Ồ  Q  N  C  Q  O  Đ  I  Í
N  G  O  Ạ  I  Q  U  Ố  C  H  U  Ế  Ể  D
L  T  H  Ả  Q  B  C  O  D  R  U  N  N  L
Y  Ề  I  N  T  H  Ị  T  H  Ự  C  Y  G  I
N  N  U  H  Ộ  C  H  I  Ế  U  Q  D  Ể  O
L  Q  P  C  N  K  Q  L  C  T  U  A  Y  N
```

SÂN BAY	BẢN ĐỒ
BÃI BIỂN	NÚI
CẮM TRẠI	HỘ CHIẾU
ĐIỂM ĐẾN	ẢNH
NGOẠI QUỐC	BIỂN
NGÀY LỄ	XE TẮC XI
KHÁCH SẠN	LỀU
ĐẢO	XE LỬA
HÀNH TRÌNH	VẬN CHUYỂN
GIẢI TRÍ	THỊ THỰC

1 - Food #1

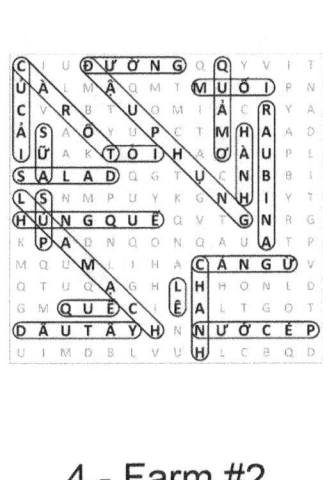

2 - Castles

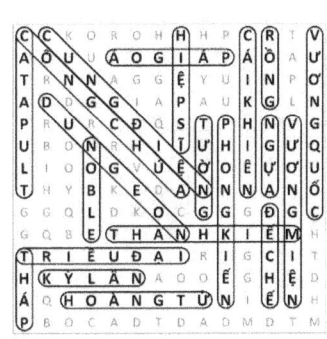

3 - Measurements

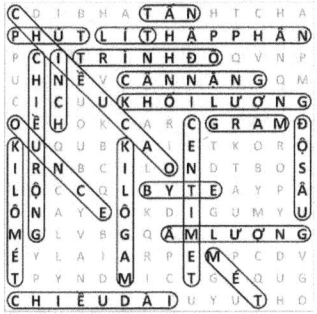

4 - Farm #2

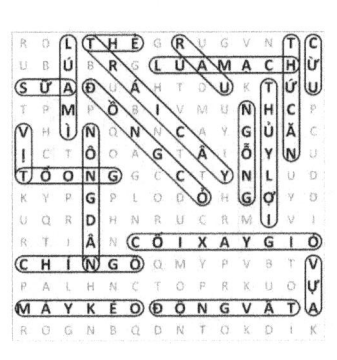

5 - Books

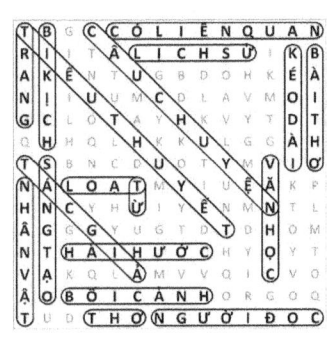

6 - Meditation

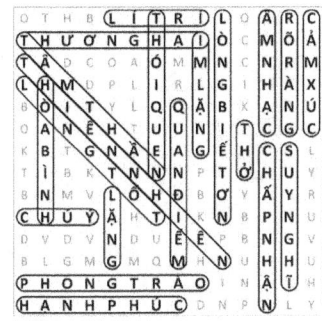

7 - Days and Months

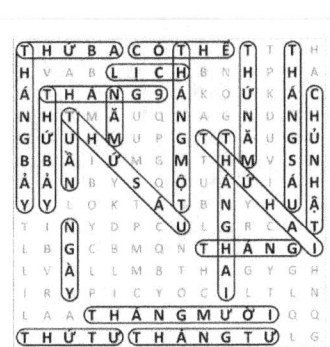

8 - Chess

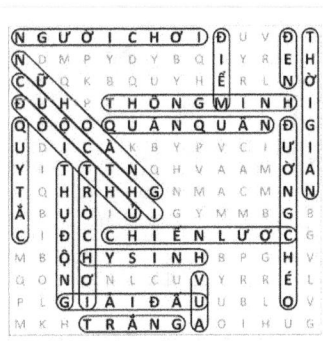

9 - Food #2

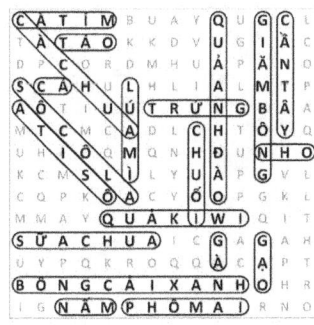

10 - Family

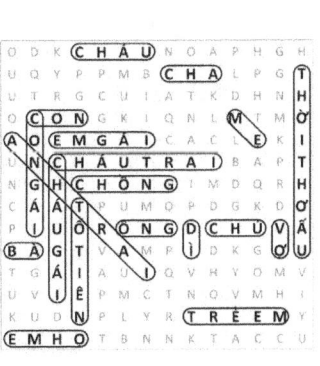

11 - Farm #1

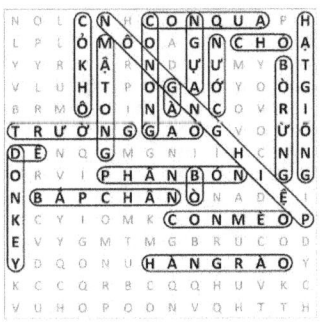

12 - Camping

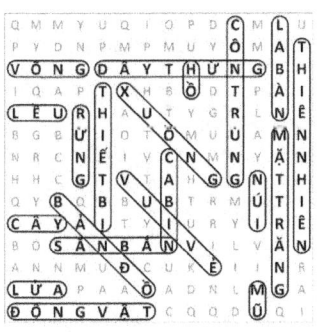

13 - Conservation

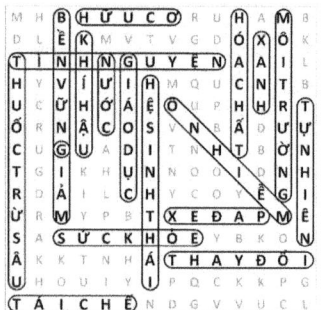

14 - Cats

15 - Numbers

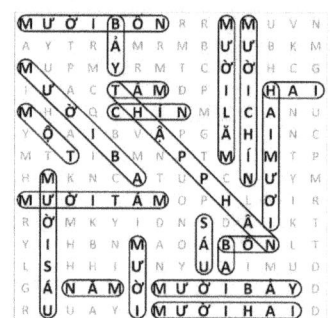

16 - Spices

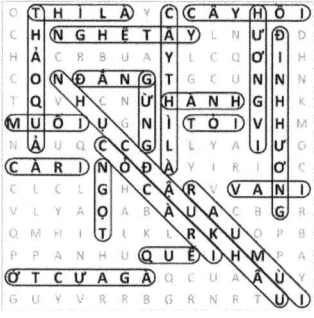

17 - Mammals

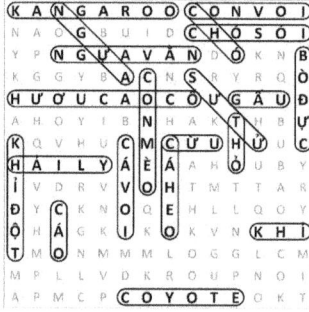

18 - Fishing

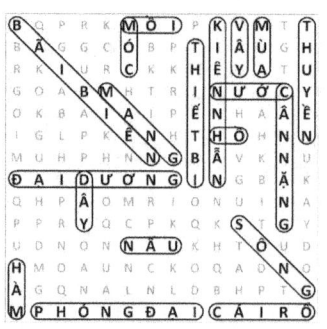

19 - Restaurant #1

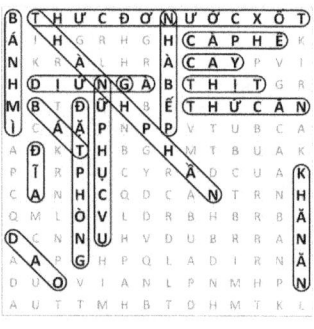

20 - Bees

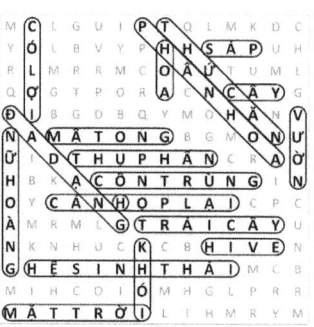

21 - Sports

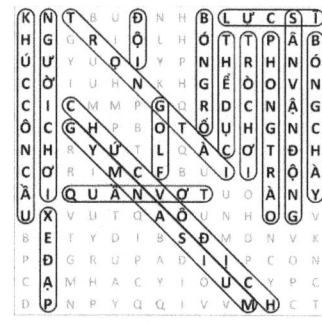

22 - Weather

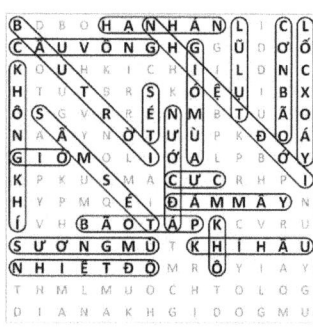

23 - Adventure

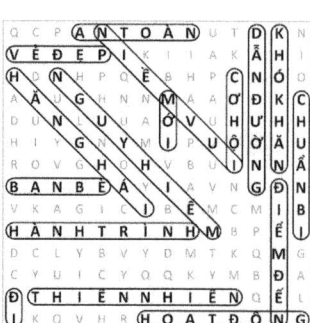

24 - Circus

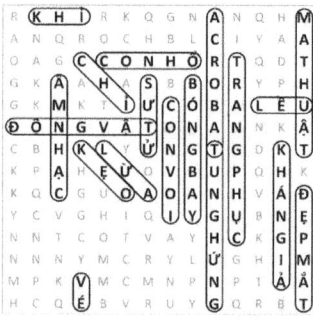

25 - Tools

26 - Restaurant #2

27 - Geology

28 - House

29 - Bathroom

30 - School #1

31 - Dance

32 - Colors

33 - Climbing

34 - Shapes

35 - Scientific Disciplines

36 - School #2

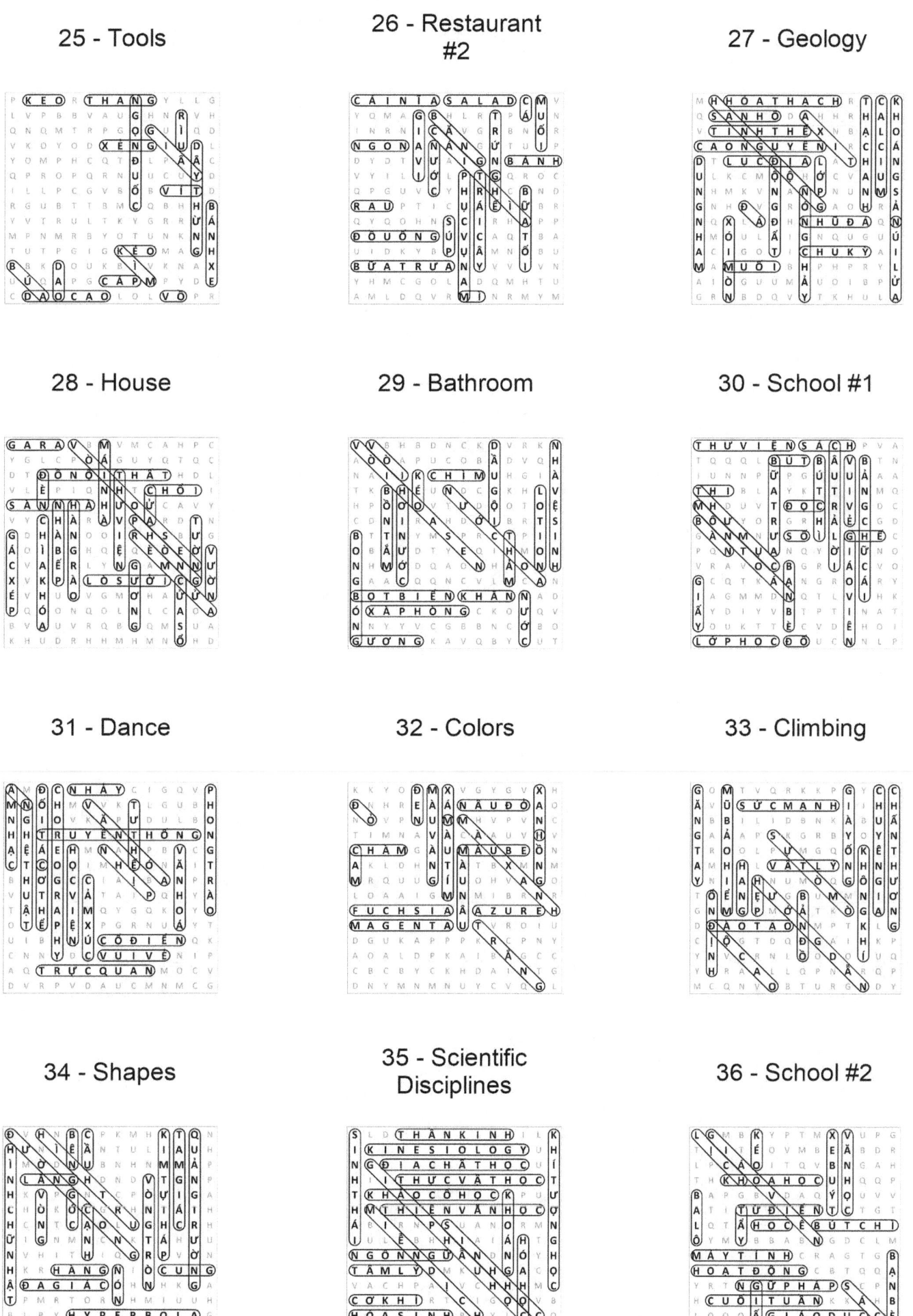

37 - Science

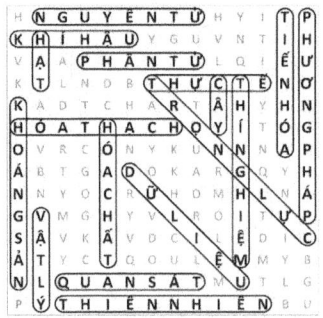

38 - To Fill

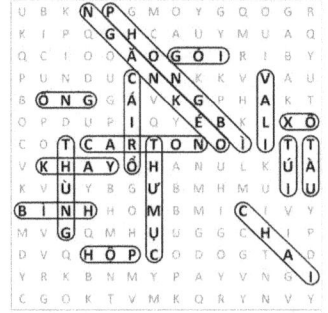

39 - Summer

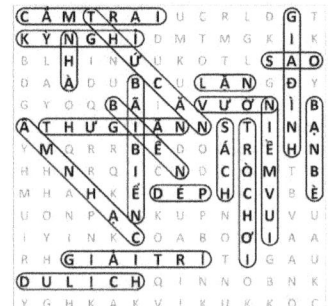

40 - Clothes

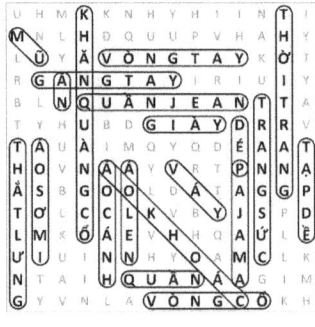

41 - Insects

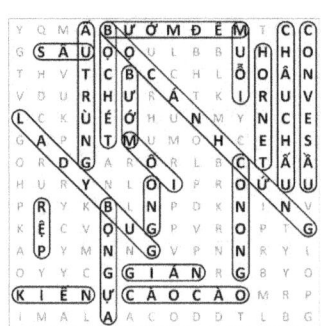

42 - Astronomy

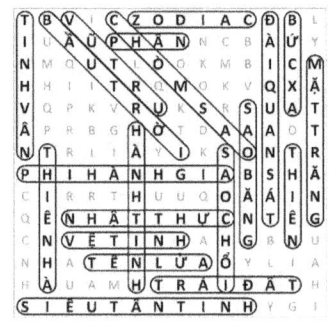

43 - Pirates

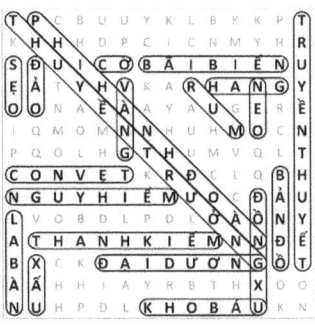

44 - Time

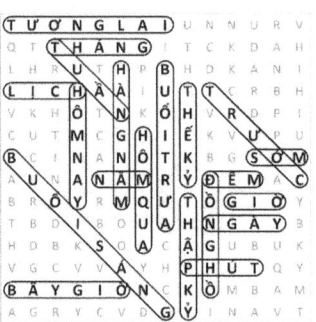

45 - Buildings

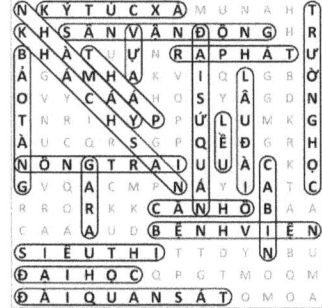

46 - Herbalism

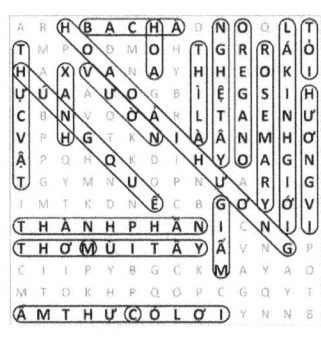

47 - Toys

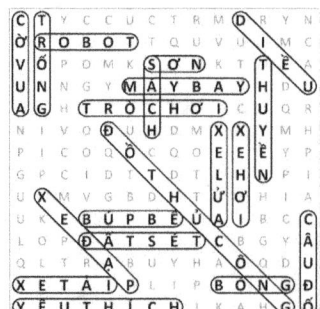

48 - Vehicles

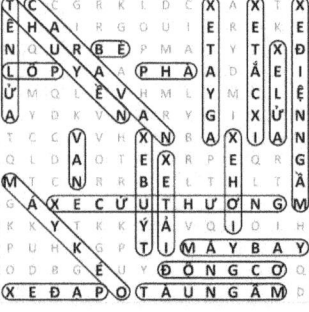

49 - Flowers

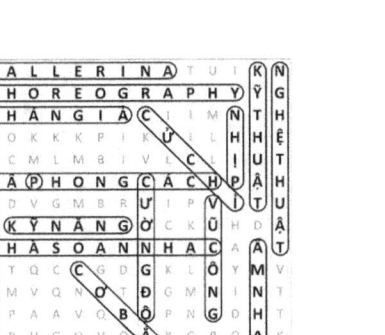

50 - Town

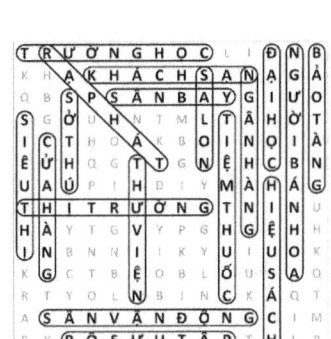

51 - Antarctica

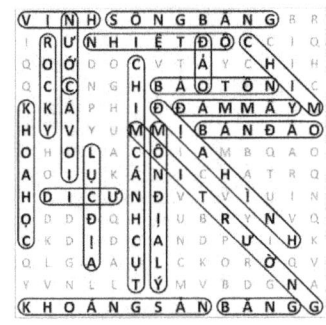

52 - Ballet

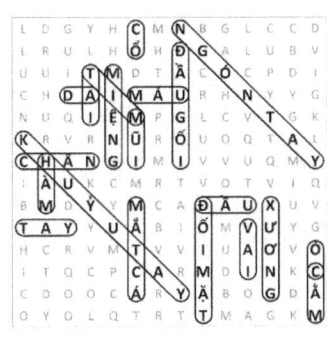

53 - Human Body

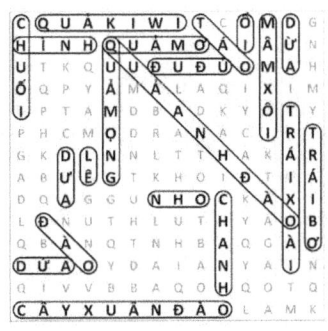

54 - Musical Instruments

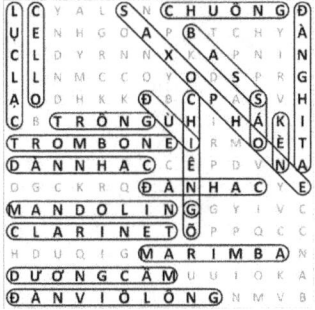

55 - Cooking Tools

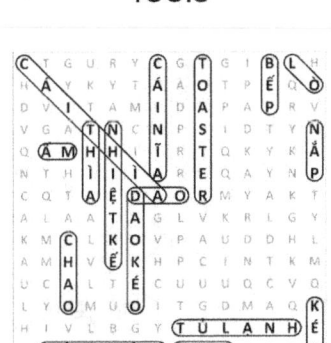

56 - Fruit

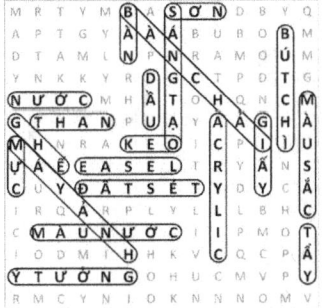

57 - Virtues #1

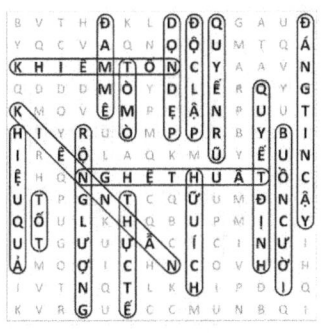

58 - Kitchen

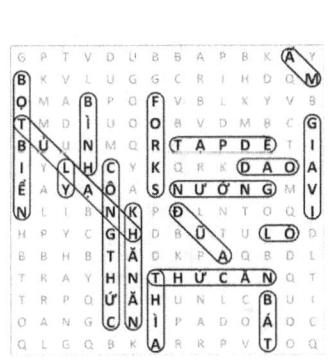

59 - Art Supplies

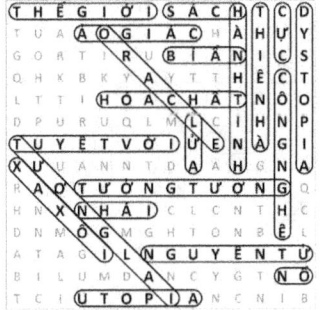

60 - Science Fiction

61 - Airplanes

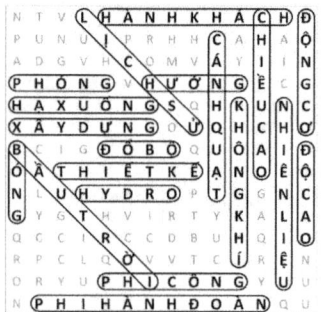

62 - Ocean

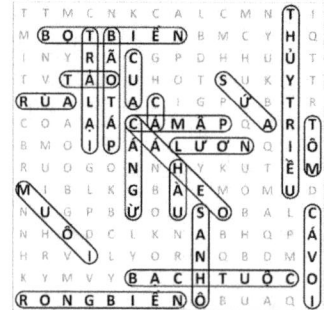

63 - Birds

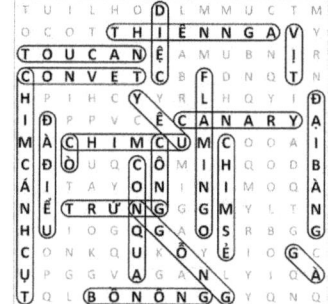

64 - Art

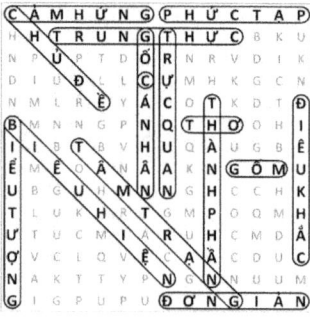

65 - Nutrition

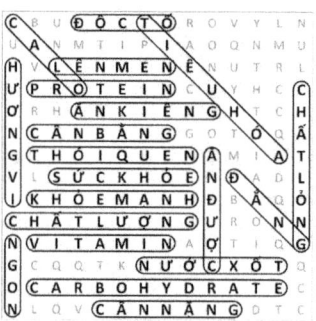

66 - Hiking

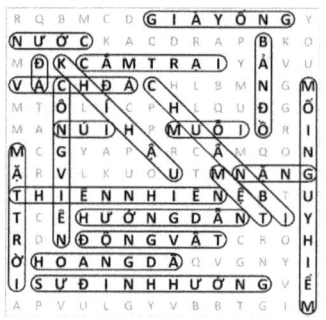

67 - Professions #1

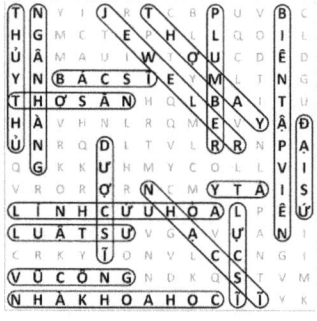

68 - Dinosaurs

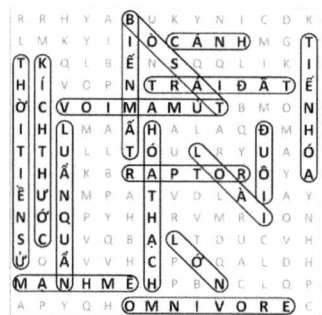

69 - Barbecues

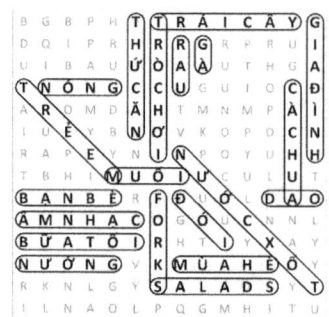

70 - Surfing

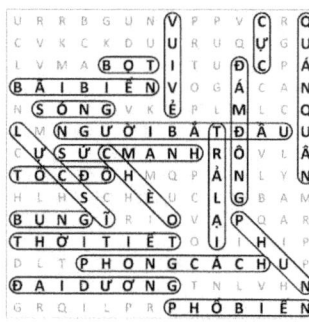

71 - Chocolate

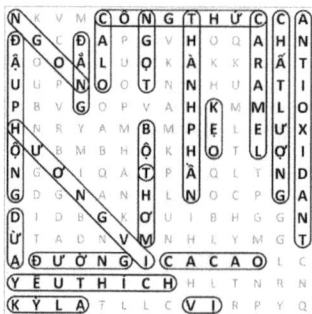

72 - Vegetables

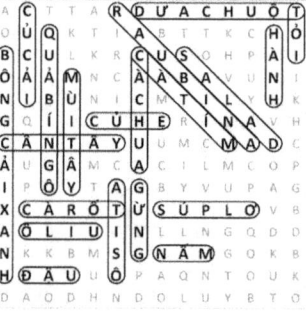

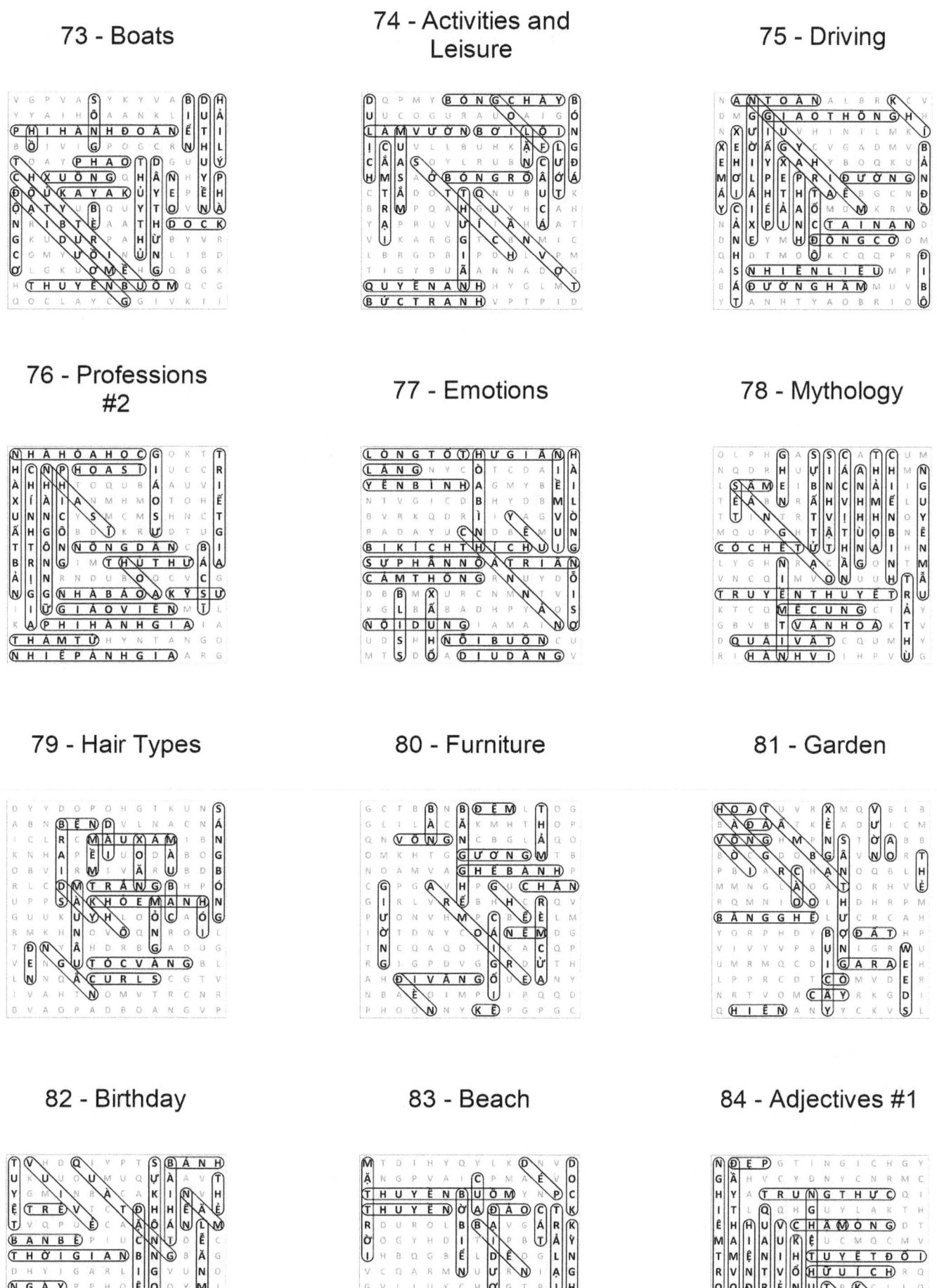

73 - Boats

74 - Activities and Leisure

75 - Driving

76 - Professions #2

77 - Emotions

78 - Mythology

79 - Hair Types

80 - Furniture

81 - Garden

82 - Birthday

83 - Beach

84 - Adjectives #1

85 - Rainforest

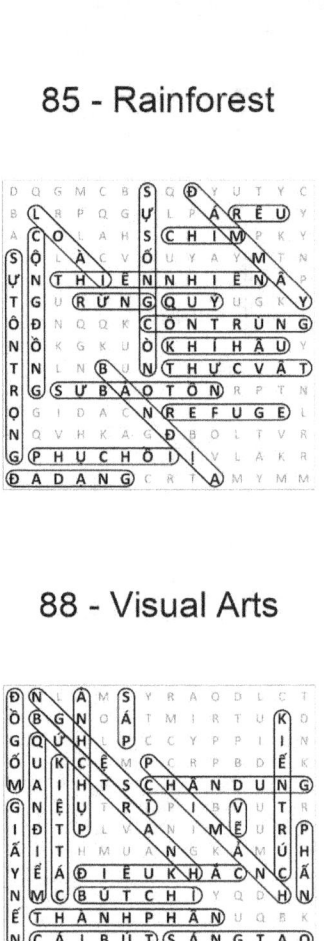

86 - Technology

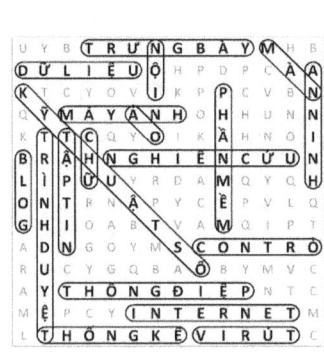

87 - Landscapes

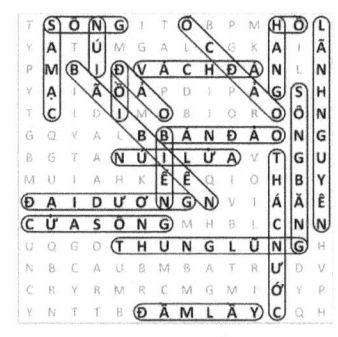

88 - Visual Arts

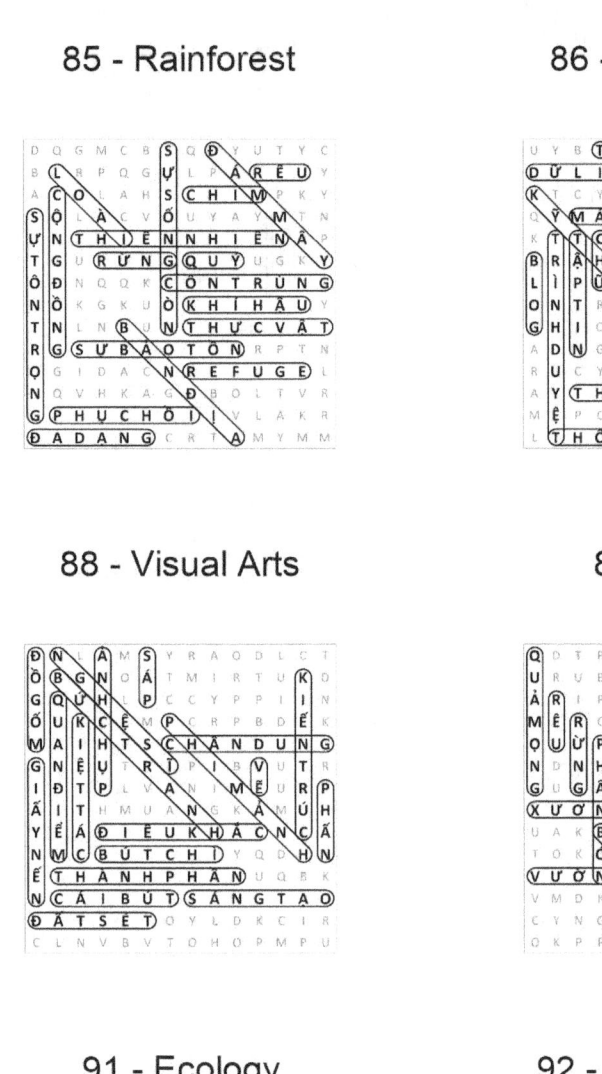

89 - Plants

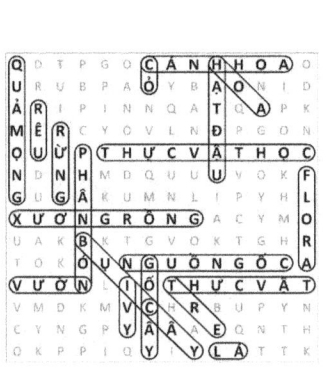

90 - Countries #2

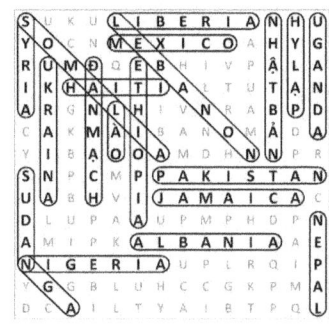

91 - Ecology

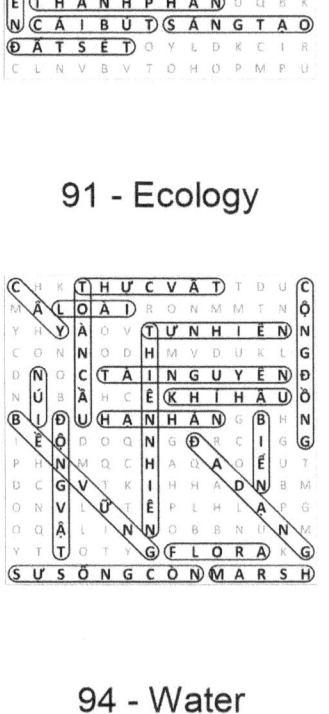

92 - Adjectives #2

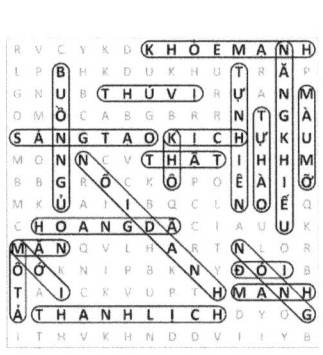

93 - Math

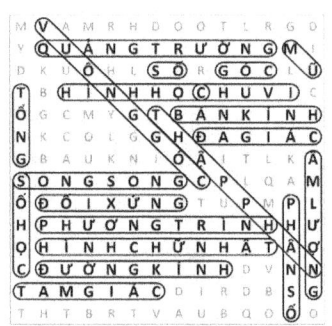

94 - Water

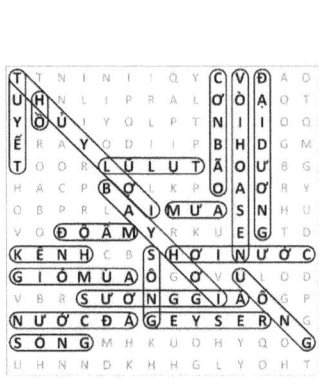

95 - Activities

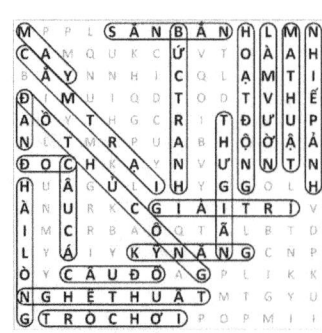

96 - Literature

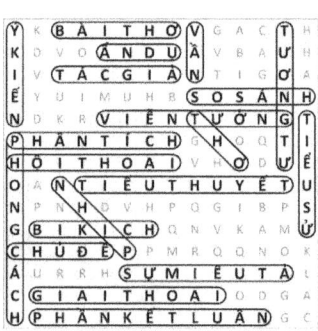

97 - Geography

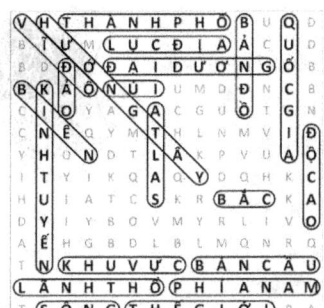

98 - Pets

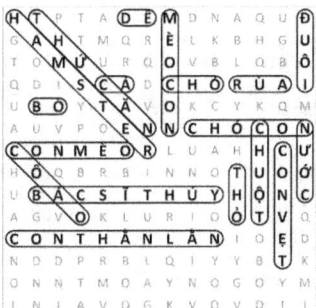

99 - Nature

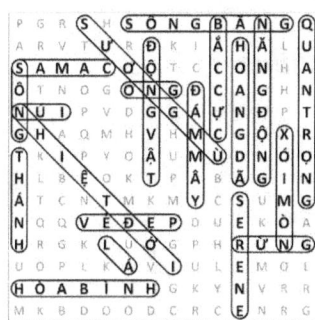

100 - Vacation #2

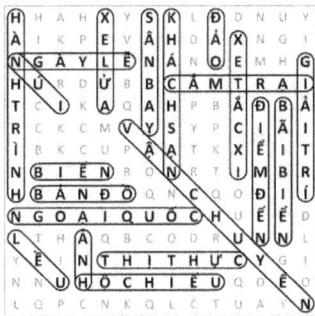

Dictionary

Activities
Các Hoạt Động

Activity	Hoạt Động
Art	Nghệ Thuật
Camping	Cắm Trại
Crafts	Đồ thủ Công
Fishing	Câu Cá
Games	Trò Chơi
Gardening	Làm Vườn
Hunting	Săn Bắn
Knitting	Đan
Leisure	Giải Trí
Magic	Ma Thuật
Painting	Bức Tranh
Photography	Nhiếp Ảnh
Pleasure	Hài Lòng
Puzzles	Câu Đố
Reading	Đọc
Relaxation	Thư Giãn
Sewing	May
Skill	Kỹ Năng

Activities and Leisure
Và các Hoạt Động Giải Trí

Art	Nghệ Thuật
Baseball	Bóng Chày
Basketball	Bóng Rổ
Boxing	Quyền Anh
Camping	Cắm Trại
Diving	Lặn
Fishing	Câu Cá
Gardening	Làm Vườn
Golf	Golf
Hobbies	Sở Thích
Painting	Bức Tranh
Relaxing	Thư Giãn
Shopping	Mua Sắm
Soccer	Bóng Đá
Surfing	Lướt
Swimming	Bơi Lội
Tennis	Quần Vợt
Travel	Du Lịch
Volleyball	Bóng Chuyền

Adjectives #1
Tính từ số 1

Absolute	Tuyệt Đối
Ambitious	Đầy Tham Vọng
Aromatic	Thơm
Artistic	Nghệ Thuật
Attractive	Hấp Dẫn
Beautiful	Đẹp
Dark	Tối
Exotic	Kỳ Lạ
Generous	Rộng Lượng
Happy	Vui Vẻ
Heavy	Nặng
Helpful	Hữu Ích
Honest	Trung Thực
Huge	Khổng Lồ
Important	Quan Trọng
Modern	Hiện Đại
Serious	Nghiêm Trọng
Slow	Chậm
Thin	Mỏng
Valuable	Quý

Adjectives #2
Tính từ số 2

Authentic	Thật
Creative	Sáng Tạo
Descriptive	Mô Tả
Dramatic	Kịch
Dry	Khô
Elegant	Thanh Lịch
Famous	Nổi Danh
Gifted	Năng Khiếu
Healthy	Khỏe Mạnh
Hot	Nóng
Hungry	Đói
Interesting	Thú Vị
Natural	Tự Nhiên
New	Mới
Productive	Màu Mỡ
Proud	Tự Hào
Salty	Mặn
Sleepy	Buồn Ngủ
Strong	Mạnh
Wild	Hoang Dã

Adventure
Cuộc Phiêu Lưu

Activity	Hoạt Động
Beauty	Vẻ Đẹp
Chance	Cơ Hội
Dangerous	Nguy Hiểm
Destination	Điểm Đến
Difficulty	Khó Khăn
Enthusiasm	Hăng Hái
Friends	Bạn Bè
Itinerary	Hành Trình
Joy	Niềm Vui
Nature	Thiên Nhiên
Navigation	Dẫn Đường
New	Mới
Preparation	Chuẩn Bị
Safety	An Toàn
Travels	Đi

Airplanes
Máy Bay

Altitude	Độ Cao
Atmosphere	Không Khí
Balloon	Bóng
Construction	Xây Dựng
Crew	Phi Hành Đoàn
Descent	Hạ Xuống
Design	Thiết Kế
Direction	Hướng
Engine	Động Cơ
Fuel	Nhiên Liệu
Height	Chiều Cao
History	Lịch Sử
Hydrogen	Hydro
Landing	Đổ Bộ
Launch	Phóng
Passenger	Hành Khách
Pilot	Phi Công
Propellers	Cánh Quạt
Sky	Bầu Trời
Turbulence	Nhiễu Loạn

Antarctica
Nam Cực

Bay	Vịnh
Birds	Chim
Clouds	Đám Mây
Conservation	Bảo Tồn
Continent	Lục Địa
Environment	Môi Trường
Geography	Môn địa Lý
Glaciers	Sông Băng
Ice	Băng
Islands	Đảo
Migration	Di Cư
Minerals	Khoáng Sản
Penguins	Chim Cánh Cụt
Peninsula	Bán Đảo
Rocky	Rocky
Scientific	Khoa Học
Temperature	Nhiệt Độ
Topography	Địa Hình
Water	Nước
Whales	Cá Voi

Art
Nghệ Thuật

Ceramic	Gốm
Complex	Phức Tạp
Composition	Thành Phần
Expression	Biểu Hiện
Honest	Trung Thực
Inspired	Cảm Hứng
Mood	Tâm Trạng
Original	Gốc
Personal	Cá Nhân
Poetry	Thơ
Sculpture	Điêu Khắc
Simple	Đơn Giản
Subject	Chủ Đề
Symbol	Biểu Tượng
Visual	Trực Quan

Art Supplies
Đồ Dùng Nghệ Thuật

Acrylic	Acrylic
Brushes	Bàn Chải
Camera	Máy Ảnh
Chair	Ghế
Charcoal	Than
Clay	Đất Sét
Colors	Màu Sắc
Creativity	Sáng Tạo
Easel	Easel
Eraser	Tẩy
Glue	Keo
Ideas	Ý Tưởng
Ink	Mực
Oil	Dầu
Paints	Sơn
Paper	Giấy
Pencils	Bút Chì
Table	Bàn
Water	Nước
Watercolors	Màu Nước

Astronomy
Thiên văn Học

Astronaut	Phi Hành Gia
Celestial	Thiên
Comet	Sao Chổi
Constellation	Chòm Sao
Cosmos	Vũ Trụ
Earth	Trái Đất
Eclipse	Nhật Thực
Equinox	Phân
Galaxy	Thiên Hà
Meteor	Sao Băng
Moon	Mặt Trăng
Nebula	Tinh Vân
Observatory	Đài Quan Sát
Planet	Hành Tinh
Radiation	Bức Xạ
Rocket	Tên Lửa
Satellite	Vệ Tinh
Sky	Bầu Trời
Supernova	Siêu tân Tinh
Zodiac	Zodiac

Ballet
Vở Ballet

Artistic	Nghệ Thuật
Audience	Khán Giả
Ballerina	Ballerina
Choreography	Choreography
Composer	Nhà Soạn Nhạc
Dancers	Vũ Công
Gesture	Cử Chỉ
Intensity	Cường Độ
Muscles	Cơ Bắp
Music	Âm Nhạc
Orchestra	Dàn Nhạc
Practice	Tập
Rhythm	Nhịp
Skill	Kỹ Năng
Style	Phong Cách
Technique	Kỹ Thuật

Barbecues
Ăn Thịt Nướng

Chicken	Gà
Children	Trẻ Em
Dinner	Bữa Tối
Family	Gia Đình
Food	Thức Ăn
Forks	Forks
Friends	Bạn Bè
Fruit	Trái Cây
Games	Trò Chơi
Grill	Nướng
Hot	Nóng
Hunger	Đói
Knives	Dao
Music	Âm Nhạc
Salads	Salads
Salt	Muối
Sauce	Nước Xốt
Summer	Mùa Hè
Tomatoes	Cà Chua
Vegetables	Rau

Bathroom
Phòng Tắm

Bath	Bồn Tắm
Bubbles	Bong Bóng
Faucet	Vòi
Lotion	Lotion
Mirror	Gương
Perfume	Nước Hoa
Rug	Thảm
Scissors	Kéo
Shampoo	Dầu Gội
Shower	Vòi hoa Sen
Sink	Chìm
Soap	Xà Phòng
Sponge	Bọt Biển
Steam	Hơi Nước
Toilet	Nhà vệ Sinh
Towel	Khăn
Water	Nước

Beach
Trên bãi Biển,

Blue	Màu Xanh
Boat	Thuyền
Coast	Bờ Biển
Crab	Cua
Dock	Dock
Island	Đảo
Lagoon	Đầm
Ocean	Đại Dương
Reef	Trả Lại
Sailboat	Thuyền Buồm
Sand	Cát
Sandals	Dép
Sea	Biển
Shells	Vỏ
Sun	Mặt Trời
Towel	Khăn
Umbrella	Ô
Vacation	Kỳ Nghỉ

Bees
Những con Ong

Beneficial	Có Lợi
Diversity	Đa Dạng
Ecosystem	Hệ Sinh Thái
Flowers	Hoa
Food	Thức Ăn
Fruit	Trái Cây
Garden	Vườn
Hive	Hive
Honey	Mật Ong
Insect	Côn Trùng
Plants	Cây
Pollen	Phấn Hoa
Pollinator	Thụ Phấn
Queen	Nữ Hoàng
Smoke	Khói
Sun	Mặt Trời
Swarm	Họp Lại
Wax	Sáp
Wings	Cánh

Birds
Chim

Canary	Canary
Chicken	Gà
Crow	Con Quạ
Cuckoo	Chim Cu
Dove	Yêu
Duck	Vịt
Eagle	Đại Bàng
Egg	Trứng
Flamingo	Flamingo
Goose	Ngỗng
Heron	Diệc
Ostrich	Đà Điểu
Parrot	Con Vẹt
Peacock	Công
Pelican	Bồ Nông
Penguin	Chim Cánh Cụt
Sparrow	Chim Sẻ
Stork	Cò
Swan	Thiên Nga
Toucan	Toucan

Birthday
Ngày Sinh Nhật

Cake	Bánh
Calendar	Lịch
Candles	Nến
Cards	Thẻ
Celebration	Lễ ăn Mừng
Day	Ngày
Friends	Bạn Bè
Fun	Vui Vẻ
Gift	Quà Tặng
Great	Tuyệt
Happy	Vui Vẻ
Invitations	Lời Mời
Song	Bài Hát
Special	Đặc Biệt
Time	Thời Gian
To Sing	Hát
Wisdom	Sự Khôn Ngoan
Year	Năm
Young	Trẻ

Boats
Thuyền

Anchor	Neo
Buoy	Phao
Canoe	Xuồng
Crew	Phi Hành Đoàn
Dock	Dock
Engine	Động Cơ
Ferry	Phà
Kayak	Kayak
Lake	Hồ
Mast	Cột Buồm
Nautical	Hải Lý
Ocean	Đại Dương
Raft	Bè
River	Sông
Rope	Dây Thừng
Sailboat	Thuyền Buồm
Sailor	Thủy Thủ
Sea	Biển
Tide	Thủy Triều
Yacht	Du Thuyền

Books
Sách

Author	Tác Giả
Character	Nhân Vật
Collection	Bộ sưu Tập
Context	Bối Cảnh
Duality	Kéo Dài
Historical	Lịch Sử
Humorous	Hài Hước
Inventive	Sáng Tạo
Literary	Văn Học
Novel	Tiểu Thuyết
Page	Trang
Poem	Bài Thơ
Poetry	Thơ
Reader	Người Đọc
Relevant	Có Liên Quan
Series	Loạt
Story	Câu Chuyện
Tragic	Bi Kịch
Words	Từ
Written	Viết

Buildings
Các tòa Nhà

Apartment	Căn Hộ
Barn	Vựa
Cabin	Cabin
Castle	Lâu Đài
Embassy	Đại sứ Quán
Factory	Nhà Máy
Farm	Nông Trại
Garage	Ga-Ra
Hospital	Bệnh Viện
Hostel	Ký túc Xá
Hotel	Khách Sạn
Museum	Bảo Tàng
Observatory	Đài Quan Sát
School	Trường Học
Stadium	Sân vận Động
Supermarket	Siêu Thị
Tent	Lều
Theater	Rạp Hát
Tower	Tháp
University	Đại Học

Camping
Cắm Trại

Animals	Động Vật
Cabin	Cabin
Canoe	Xuồng
Compass	La Bàn
Equipment	Thiết Bị
Fire	Lửa
Forest	Rừng
Fun	Vui Vẻ
Hammock	Võng
Hat	Mũ
Hunting	Săn Bắn
Insect	Côn Trùng
Lake	Hồ
Map	Bản Đồ
Moon	Mặt Trăng
Mountain	Núi
Nature	Thiên Nhiên
Rope	Dây Thừng
Tent	Lều
Trees	Cây

Castles
Lâu Đài

Armor	Áo Giáp
Catapult	Catapult
Crown	Vương Miện
Dragon	Rồng
Dungeon	Dungeon
Dynasty	Triều Đại
Empire	Đế Chế
Feudal	Phong Kiến
Horse	Ngựa
Kingdom	Vương Quốc
Knight	Hiệp Sĩ
Noble	Noble
Palace	Cung Điện
Prince	Hoàng Tử
Princess	Công Chúa
Shield	Cái Khiên
Sword	Thanh Kiếm
Tower	Tháp
Unicorn	Kỳ Lân
Wall	Tường

Cats
Những con Mèo

Crazy	Điên
Curious	Tò Mò
Fast	Nhanh
Funny	Buồn Cười
Hunter	Thợ Săn
Independent	Độc Lập
Little	Ít
Mouse	Chuột
Paw	Chân
Personality	Cá Tính
Playful	Vui Tươi
Shy	Nhút Nhát
Sleep	Ngủ
Tail	Đuôi
Wild	Hoang Dã
Yarn	Sợi

Chess
Cờ Vua

Black	Đen
Champion	Quán Quân
Clever	Thông Minh
Contest	Cuộc Thi
Diagonal	Đường Chéo
Game	Trò Chơi
King	Vua
Opponent	Đối Thủ
Passive	Thụ Động
Player	Người Chơi
Points	Điểm
Queen	Nữ Hoàng
Rules	Quy Tắc
Sacrifice	Hy Sinh
Strategy	Chiến Lược
Time	Thời Gian
Tournament	Giải Đấu
White	Trắng

Chocolate
Sô-Cô-La

Antioxidant	Antioxidant
Aroma	Thơm
Bitter	Đắng
Cacao	Cacao
Calories	Calo
Candy	Kẹo
Caramel	Caramel
Coconut	Dừa
Delicious	Ngon
Exotic	Kỳ Lạ
Favorite	Yêu Thích
Flavor	Hương Vị
Ingredient	Thành Phần
Peanuts	Đậu Phộng
Powder	Bột
Quality	Chất Lượng
Recipe	Công Thức
Sugar	Đường
Sweet	Ngọt
Taste	Vị

Circus
Rạp Xiếc

Acrobat	Acrobat
Animals	Động Vật
Balloons	Bóng Bay
Candy	Kẹo
Costume	Trang Phục
Elephant	Con Voi
Juggler	Tung Hứng
Lion	Sư Tử
Magic	Ma Thuật
Monkey	Khỉ
Music	Âm Nhạc
Show	Chỉ
Spectacular	Đẹp Mắt
Spectator	Khán Giả
Tent	Lều
Ticket	Vé
Tiger	Con Hổ
Trick	Lừa

Climbing
Leo

Altitude	Độ Cao
Atmosphere	Không Khí
Boots	Giày Ống
Cave	Hang
Curiosity	Sự tò Mò
Expert	Chuyên Gia
Gloves	Găng Tay
Guides	Hướng Dẫn
Helmet	Mũ bảo Hiểm
Injury	Chấn Thương
Map	Bản Đồ
Narrow	Hẹp
Physical	Vật Lý
Stability	Ổn Định
Strength	Sức Mạnh
Training	Đào Tạo

Clothes
Quần Áo

Apron	Tạp Dề
Belt	Thắt Lưng
Blouse	Áo Cánh
Bracelet	Vòng Tay
Dress	Ăn
Fashion	Thời Trang
Gloves	Găng Tay
Hat	Mũ
Jacket	Áo Khoác
Jeans	Quần Jean
Jewelry	Trang Sức
Necklace	Vòng Cổ
Pajamas	Pajama
Pants	Quần
Sandals	Dép
Scarf	Khăn Quàng Cổ
Shirt	Áo sơ Mi
Shoe	Giày
Skirt	Váy
Sweater	Áo Len

Colors
Màu Sắc

Azure	Azure
Beige	Màu Be
Black	Đen
Blue	Màu Xanh
Brown	Màu Nâu
Fuchsia	Fuchsia
Green	Xanh
Grey	Xám
Indigo	Chàm
Magenta	Magenta
Orange	Cam
Pink	Hồng
Purple	Màu Tím
Red	Đỏ
Sepia	Nâu Đỏ
White	Trắng
Yellow	Màu Vàng

Conservation
Bảo Tồn

Changes	Thay Đổi
Chemicals	Hóa Chất
Climate	Khí Hậu
Cycle	Xe Đạp
Ecosystem	Hệ Sinh Thái
Education	Giáo Dục
Environmental	Môi Trường
Green	Xanh
Health	Sức Khỏe
Natural	Tự Nhiên
Organic	Hữu Cơ
Pesticide	Thuốc trừ Sâu
Pollution	Ô Nhiễm
Recycle	Tái Chế
Reduce	Giảm
Sustainable	Bền Vững
Volunteer	Tình Nguyện
Water	Nước

Cooking Tools
Dụng cụ nấu Ăn

Colander	Chao
Cutlery	Dao Kéo
Fork	Cái Nĩa
Grater	Bàn Mài
Kettle	Ấm
Knife	Dao
Lid	Nắp
Oven	Lò
Refrigerator	Tủ Lạnh
Scissors	Kéo
Spatula	Thìa
Spoon	Cái Thìa
Stove	Bếp
Strainer	Lọc
Thermometer	Nhiệt Kế
Toaster	Toaster

Countries #2
Quốc gia # 2

Albania	Albania
Denmark	Đan Mạch
Ethiopia	Ethiopia
Greece	Hy Lạp
Haiti	Haiti
Jamaica	Jamaica
Japan	Nhật Bản
Laos	Lào
Lebanon	Lebanon
Liberia	Liberia
Mexico	Mexico
Nepal	Nepal
Nigeria	Nigeria
Pakistan	Pakistan
Russia	Nga
Somalia	Somalia
Sudan	Sudan
Syria	Syria
Uganda	Uganda
Ukraine	Ukraina

Dance
Nhảy

Academy	Học Viện
Art	Nghệ Thuật
Body	Cơ Thể
Choreography	Choreography
Classical	Cổ Điển
Cultural	Văn Hóa
Culture	Văn Hoá
Emotion	Cảm Xúc
Grace	Ân
Joyful	Vui Vẻ
Jump	Nhảy
Movement	Phong Trào
Music	Âm Nhạc
Partner	Đối Tác
Posture	Tư Thế
Rhythm	Nhịp
Traditional	Truyền Thống
Visual	Trực Quan

Days and Months
Ngày và Tháng

April	Tháng Tư
August	Ngày
Calendar	Lịch
February	Tháng Hai
Friday	Thứ Sáu
January	Tháng Một
July	Tháng Bảy
June	Tháng Sáu
May	Có Thể
Monday	Thứ Hai
Month	Tháng
October	Tháng Mười
Saturday	Thứ Bảy
September	Tháng 9
Sunday	Chủ Nhật
Thursday	Thứ Năm
Tuesday	Thứ Ba
Wednesday	Thứ Tư
Week	Tuần
Year	Năm

Dinosaurs
Loài Khủng Long

Disappearance	Biến Mất
Earth	Trái Đất
Evolution	Tiến Hóa
Fossils	Hóa Thạch
Large	Lớn
Mammoth	Voi ma Mút
Omnivore	Omnivore
Powerful	Mạnh Mẽ
Prehistoric	Thời Tiền Sử
Raptor	Raptor
Reptile	Bò Sát
Size	Kích Thước
Species	Loài
Tail	Đuôi
Vicious	Luẩn Quẩn
Wings	Cánh

Driving
Điều Khiển

Accident	Tai Nạn
Brakes	Phanh
Car	Xe Hơi
Danger	Nguy Hiểm
Driver	Người lái Xe
Fuel	Nhiên Liệu
Garage	Ga-Ra
Gas	Khí
License	Giấy Phép
Map	Bản Đồ
Motor	Động Cơ
Motorcycle	Xe Máy
Pedestrian	Đi Bộ
Police	Cảnh Sát
Road	Đường
Safety	An Toàn
Speed	Tốc Độ
Traffic	Giao Thông
Truck	Xe Tải
Tunnel	Đường Hầm

Ecology
Sinh Thái Học

Climate	Khí Hậu
Communities	Cộng Đồng
Diversity	Đa Dạng
Drought	Hạn Hán
Fauna	Động Vật
Flora	Flora
Global	Toàn Cầu
Marine	Biển
Marsh	Marsh
Mountains	Núi
Natural	Tự Nhiên
Nature	Thiên Nhiên
Plants	Cây
Resources	Tài Nguyên
Species	Loài
Survival	Sự Sống Còn
Sustainable	Bền Vững
Vegetation	Thực Vật

Emotions
Những cảm Xúc

Anger	Sự Phẫn Nộ
Bliss	Bliss
Boredom	Chán Nản
Calm	Lặng
Content	Nội Dung
Embarrassed	Xấu Hổ
Excited	Bị Kích Thích
Fear	Nỗi Sợ
Grateful	Tri Ân
Joy	Niềm Vui
Kindness	Lòng Tốt
Love	Yêu
Peace	Hòa Bình
Relaxed	Thư Giãn
Sadness	Nỗi Buồn
Satisfied	Hài Lòng
Sympathy	Cảm Thông
Tenderness	Dịu Dàng
Tranquility	Yên Bình

Family
Gia Đình

Ancestor	Tổ Tiên
Aunt	Dì
Brother	Anh Trai
Child	Con
Childhood	Thời thơ Ấu
Children	Trẻ Em
Cousin	Em Họ
Daughter	Con Gái
Grandfather	Ông
Grandmother	Bà
Grandson	Cháu Trai
Husband	Chồng
Mother	Mẹ
Nephew	Cháu
Niece	Cháu Gái
Paternal	Cha
Sister	Em Gái
Uncle	Chú
Wife	Vợ

Farm #1
Trang Trại số 1

Agriculture	Nông Nghiệp
Bee	Con Ong
Bison	Bò Rừng
Calf	Bắp Chân
Cat	Con Mèo
Chicken	Gà
Cow	Bò
Crow	Con Quạ
Dog	Chó
Donkey	Donkey
Fence	Hàng Rào
Fertilizer	Phân Bón
Field	Trường
Goat	Dê
Hay	Cỏ Khô
Honey	Mật Ong
Horse	Ngựa
Rice	Gạo
Seeds	Hạt Giống
Water	Nước

Farm #2
Trang Trại số 2

Animals	Động Vật
Barley	Lúa Mạch
Barn	Vựa
Beehive	Tổ Ong
Corn	Ngô
Duck	Vịt
Farmer	Nông Dân
Food	Thức Ăn
Fruit	Trái Cây
Geese	Ngỗng
Irrigation	Thủy Lợi
Meadow	Đồng Cỏ
Milk	Sữa
Orchard	Thẻ
Ripe	Chín
Sheep	Cừu
Tractor	Máy Kéo
Vegetable	Rau
Wheat	Lúa Mì
Windmill	Cối xay Gió

Fishing
Đánh bắt Cá

Bait	Mồi
Basket	Cái Rổ
Beach	Bãi Biển
Boat	Thuyền
Cook	Nấu
Equipment	Thiết Bị
Exaggeration	Phóng Đại
Fins	Vây
Gills	Mang
Hook	Móc
Jaw	Hàm
Lake	Hồ
Ocean	Đại Dương
Patience	Kiên Nhẫn
River	Sông
Season	Mùa
Water	Nước
Weight	Cân Nặng
Wire	Dây

Flowers
Những Bông Hoa

Bouquet	Bó Hoa
Clover	Cỏ ba Lá
Daisy	Daisy
Dandelion	Bồ Công Anh
Gardenia	Gardenia
Hibiscus	Dâm Bụt
Jasmine	Jasmine
Lavender	Hoa oải Hương
Lilac	Tử Đinh Hương
Lily	Hoa loa Kèn
Magnolia	Magnolia
Orchid	Phong Lan
Peony	Hoa mẫu Đơn
Petal	Cánh Hoa
Plumeria	Plumeria
Poppy	Poppy
Rose	Hoa Hồng
Sunflower	Hướng Dương
Tulip	Lời Khuyên

Food #1
Thực Phẩm #1

Apricot	Quả Mơ
Barley	Lúa Mạch
Basil	Húng Quế
Carrot	Cà Rốt
Cinnamon	Quế
Garlic	Tỏi
Juice	Nước Ép
Lemon	Chanh
Milk	Sữa
Onion	Hành
Peanut	Đậu Phụng
Pear	Lê
Salad	Salad
Salt	Muối
Soup	Súp
Spinach	Rau Bina
Strawberry	Dâu Tây
Sugar	Đường
Tuna	Cá Ngừ
Turnip	Củ Cải

Food #2
Thực Phẩm #2

Apple	Táo
Artichoke	Atisô
Banana	Chuối
Broccoli	Bông cải Xanh
Celery	Cần Tây
Cheese	Phô Mai
Cherry	Quả anh Đào
Chicken	Gà
Chocolate	Sô cô La
Egg	Trứng
Eggplant	Cà Tím
Fish	Cá
Grape	Nho
Ham	Giăm Bông
Kiwi	Quả Kiwi
Mushroom	Nấm
Rice	Gạo
Tomato	Cà Chua
Wheat	Lúa Mì
Yogurt	Sữa Chua

Fruit
Trái Cây

Apple	Táo
Apricot	Quả Mơ
Avocado	Trái Bơ
Banana	Chuối
Berry	Quả Mọng
Cherry	Quả anh Đào
Coconut	Dừa
Fig	Hình
Grape	Nho
Guava	Ổi
Kiwi	Quả Kiwi
Lemon	Chanh
Mango	Trái Xoài
Melon	Dưa
Nectarine	Cây Xuân Đào
Papaya	Đu Đủ
Peach	Đào
Pear	Lê
Pineapple	Dứa
Raspberry	Mâm Xôi

Furniture
Đồ nội Thất

Armchair	Ghế Bành
Armoire	Armoire
Bed	Giường
Bench	Băng Ghế
Chair	Ghế
Comforters	Chăn
Couch	Đi Văng
Curtains	Rèm Cửa
Cushions	Đệm
Desk	Bàn
Hammock	Võng
Lamp	Đèn
Mattress	Nệm
Mirror	Gương
Pillow	Cái Gối
Rug	Thảm
Shelves	Kệ

Garden
Khu Vườn

Bench	Băng Ghế
Bush	Bụi Cây
Fence	Hàng Rào
Flower	Hoa
Garage	Ga-Ra
Garden	Vườn
Grass	Cỏ
Hammock	Võng
Hose	Vòi
Orchard	Thẻ
Pond	Ao
Porch	Hiên
Rake	Cào
Rocks	Đá
Shovel	Xẻng
Soil	Đất
Terrace	Sân Thượng
Trampoline	Tấm Bạt
Tree	Cây
Weeds	Weeds

Geography
Môn địa Lý

Atlas	Atlas
City	Thành Phố
Continent	Lục Địa
Country	Quốc Gia
Elevation	Độ Cao
Hemisphere	Bán Cầu
Island	Đảo
Latitude	Vĩ Độ
Map	Bản Đồ
Meridian	Kinh Tuyến
Mountain	Núi
North	Bắc
Ocean	Đại Dương
Region	Khu Vực
River	Sông
Sea	Biển
South	Phía Nam
Territory	Lãnh Thổ
West	Hướng Tây
World	Thế Giới

Geology
Địa Chất Học

Acid	Axit
Calcium	Calcium
Cavern	Hang Động
Continent	Lục Địa
Coral	San Hô
Crystals	Tinh Thể
Cycles	Chu Kỳ
Earthquake	Động Đất
Erosion	Xói Mòn
Fossil	Hóa Thạch
Lava	Dung Nham
Layer	Lớp
Minerals	Khoáng Sản
Molten	Nóng Chảy
Plateau	Cao Nguyên
Quartz	Thạch Anh
Salt	Muối
Stalactite	Nhũ Đá
Stone	Đá
Volcano	Núi Lửa

Hair Types
Các Loại Tóc

Bald	Hói
Black	Đen
Blond	Tóc Vàng
Braided	Bện
Braids	Braids
Brown	Màu Nâu
Colored	Màu
Curls	Curls
Curly	Xoăn
Dry	Khô
Gray	Màu Xám
Healthy	Khỏe Mạnh
Long	Dài
Shiny	Sáng Bóng
Short	Ngắn
Silver	Bạc
Soft	Mềm
Thick	Dày
Thin	Mỏng
White	Trắng

Herbalism
Chủ Nghĩa Thảo Dược

Aromatic	Thơm
Basil	Húng Quế
Beneficial	Có Lợi
Culinary	Ẩm Thực
Fennel	Thì Là
Flavor	Hương Vị
Flower	Hoa
Garden	Vườn
Garlic	Tỏi
Green	Xanh
Ingredient	Thành Phần
Lavender	Hoa oải Hương
Marjoram	Lá Kinh Giới
Mint	Bạc Hà
Oregano	Oregano
Parsley	Mùi Tây
Plant	Thực Vật
Rosemary	Rosemary
Saffron	Nghệ Tây
Tarragon	Giấm

Hiking
Đi bộ Đường Dài

Animals	Động Vật
Boots	Giày Ống
Camping	Cắm Trại
Cliff	Vách Đá
Climate	Khí Hậu
Guides	Hướng Dẫn
Hazards	Mối Nguy Hiểm
Heavy	Nặng
Map	Bản Đồ
Mosquitoes	Muỗi
Mountain	Núi
Nature	Thiên Nhiên
Orientation	Sự Định Hướng
Parks	Công Viên
Preparation	Chuẩn Bị
Stones	Đá
Sun	Mặt Trời
Tired	Mệt
Water	Nước
Wild	Hoang Dã

House
Nhà Ở

Attic	Gác Xép
Broom	Chổi
Curtains	Rèm Cửa
Door	Cửa
Fence	Hàng Rào
Fireplace	Lò Sưởi
Floor	Sàn Nhà
Furniture	Đồ nội Thất
Garage	Ga-Ra
Garden	Vườn
Keys	Chìa Khóa
Kitchen	Nhà Bếp
Lamp	Đèn
Library	Thư Viện
Mirror	Gương
Roof	Mái Nhà
Room	Phòng
Shower	Vòi hoa Sen
Wall	Tường
Window	Cửa Sổ

Human Body
Cơ thể con Người

Ankle	Mắt Cá
Blood	Máu
Bones	Xương
Brain	Óc
Chin	Cằm
Ear	Tai
Elbow	Khuỷu Tay
Face	Đối Mặt
Finger	Ngón Tay
Hand	Tay
Head	Đầu
Heart	Tim
Jaw	Hàm
Knee	Đầu Gối
Leg	Chân
Mouth	Miệng
Neck	Cổ
Nose	Mũi
Shoulder	Vai
Skin	Da

Insects
Côn Trùng

Ant	Kiến
Aphid	Rệp
Bee	Con Ong
Beetle	Bọ Cánh Cứng
Butterfly	Bướm
Cicada	Con ve Sầu
Cockroach	Gián
Flea	Bọ Chét
Grasshopper	Châu Chấu
Hornet	Hornet
Ladybug	Ladybug
Larva	Ấu Trùng
Locust	Cào Cào
Mantis	Bọ Ngựa
Mosquito	Muỗi
Moth	Bướm Đêm
Termite	Mối
Wasp	Ong
Worm	Sâu

Kitchen
Phòng Bếp

Apron	Tạp Dề
Bowl	Bát
Chopsticks	Đũa
Cups	Ly
Food	Thức Ăn
Forks	Forks
Grill	Nướng
Jug	Bình
Kettle	Ấm
Knives	Dao
Napkin	Khăn Ăn
Oven	Lò
Recipe	Công Thức
Refrigerator	Tủ Lạnh
Spices	Gia Vị
Sponge	Bọt Biển
Spoons	Thìa

Landscapes
Phong Cảnh

Beach	Bãi Biển
Cave	Hang
Cliff	Vách Đá
Desert	Sa Mạc
Estuary	Cửa Sông
Glacier	Sông Băng
Hill	Đồi
Island	Đảo
Lake	Hồ
Mountain	Núi
Oasis	Ốc Đảo
Ocean	Đại Dương
Peninsula	Bán Đảo
River	Sông
Sea	Biển
Swamp	Đầm Lầy
Tundra	Lãnh Nguyên
Valley	Thung Lũng
Volcano	Núi Lửa
Waterfall	Thác Nước

Literature
Văn Học

Analogy	Tương Tự
Analysis	Phân Tích
Anecdote	Giai Thoại
Author	Tác Giả
Biography	Tiểu Sử
Comparison	So Sánh
Conclusion	Phần kết Luận
Description	Sự Miêu Tả
Dialogue	Hội Thoại
Fiction	Viễn Tưởng
Metaphor	Ẩn Dụ
Novel	Tiểu Thuyết
Opinion	Ý Kiến
Poem	Bài Thơ
Poetic	Thơ
Rhyme	Vần
Rhythm	Nhịp
Style	Phong Cách
Theme	Chủ Đề
Tragedy	Bi Kịch

Mammals
Động vật có Vú

Bear	Gấu
Beaver	Hải Ly
Bull	Bò Đực
Cat	Con Mèo
Coyote	Coyote
Dog	Chó
Dolphin	Cá Heo
Elephant	Con Voi
Fox	Cáo
Giraffe	Hươu cao Cổ
Gorilla	Khỉ Đột
Horse	Ngựa
Kangaroo	Kangaroo
Lion	Sư Tử
Monkey	Khỉ
Rabbit	Thỏ
Sheep	Cừu
Whale	Cá Voi
Wolf	Chó Sói
Zebra	Ngựa Vằn

Math
Toán Học
Angles	Góc
Arithmetic	Số Học
Decimal	Thập Phân
Diameter	Đường Kính
Equation	Phương Trình
Exponent	Mũ
Fraction	Phân Số
Geometry	Hình Học
Numbers	Số
Parallel	Song Song
Perimeter	Chu Vi
Perpendicular	Vuông Góc
Polygon	Đa Giác
Radius	Bán Kính
Rectangle	Hình chữ Nhật
Square	Quảng Trường
Sum	Tổng
Symmetry	Đối Xứng
Triangle	Tam Giác
Volume	Âm Lượng

Measurements
Các Phép Đo
Byte	Byte
Centimeter	Centimet
Decimal	Thập Phân
Degree	Trình Độ
Depth	Độ Sâu
Gram	Gram
Height	Chiều Cao
Inch	Inch
Kilogram	Kilôgam
Kilometer	Kilômét
Length	Chiều Dài
Liter	Lít
Mass	Khối Lượng
Meter	Mét
Minute	Phút
Ounce	Ounce
Ton	Tấn
Volume	Âm Lượng
Weight	Cân Nặng
Width	Chiều Rộng

Meditation
Thiền
Acceptance	Chấp Nhận
Attention	Chú Ý
Breathing	Thở
Calm	Lặng
Clarity	Rõ Ràng
Compassion	Thương Hại
Emotions	Cảm Xúc
Gratitude	Lòng Biết Ơn
Habits	Thói Quen
Happiness	Hạnh Phúc
Kindness	Lòng Tốt
Mental	Tâm Thần
Mind	Lí Trí
Movement	Phong Trào
Music	Âm Nhạc
Nature	Thiên Nhiên
Peace	Hòa Bình
Perspective	Quan Điểm
Silence	Im Lặng
Thoughts	Suy Nghĩ

Musical Instruments
Nhạc Cụ
Banjo	Bass
Bassoon	Dàn Nhạc
Cello	Cello
Chimes	Chuông
Clarinet	Clarinet
Drum	Trống
Drumsticks	Đùi
Flute	Sáo
Gong	Chiêng
Guitar	Đàn ghi Ta
Harp	Đàn Hạc
Mandolin	Mandolin
Marimba	Marimba
Percussion	Gõ
Piano	Dương Cầm
Saxophone	Saxophone
Tambourine	Lục Lạc
Trombone	Trombone
Trumpet	Kèn
Violin	Đàn vi ô Lông

Mythology
Thần Thoại
Archetype	Nguyên Mẫu
Behavior	Hành Vi
Beliefs	Niềm Tin
Creation	Sáng Tạo
Creature	Sinh Vật
Culture	Văn Hoá
Deities	Các vị Thần
Disaster	Thảm Họa
Heaven	Thiên Đường
Hero	Anh Hùng
Immortality	Sự bất Tử
Jealousy	Ghen
Labyrinth	Mê Cung
Legend	Truyền Thuyết
Lightning	Sét
Monster	Quái Vật
Mortal	Có Chết
Revenge	Trả Thù
Thunder	Sấm
Warrior	Chiến Binh

Nature
Thiên Nhiên
Animals	Động Vật
Arctic	Bắc Cực
Beauty	Vẻ Đẹp
Bees	Ong
Clouds	Đám Mây
Desert	Sa Mạc
Dynamic	Năng Động
Erosion	Xói Mòn
Fog	Sương Mù
Foliage	Lá
Forest	Rừng
Glacier	Sông Băng
Mountains	Núi
Peaceful	Hòa Bình
River	Sông
Sanctuary	Thánh
Serene	Serene
Tropical	Nhiệt Đới
Vital	Quan Trọng
Wild	Hoang Dã

Numbers
Con Số

Decimal	Thập Phân
Eight	Tám
Eighteen	Mười Tám
Fifteen	Mười Lăm
Five	Năm
Four	Bốn
Fourteen	Mười Bốn
Nine	Chín
Nineteen	Mười Chín
One	Một
Seven	Bảy
Seventeen	Mười Bảy
Six	Sáu
Sixteen	Mười Sáu
Ten	Mười
Thirteen	Mười Ba
Three	Ba
Twelve	Mười Hai
Twenty	Hai Mươi
Two	Hai

Nutrition
Dinh Dưỡng

Appetite	Ngon
Balanced	Cân Bằng
Bitter	Đắng
Calories	Calo
Carbohydrates	Carbohydrate
Diet	Ăn Kiêng
Digestion	Tiêu Hóa
Edible	Ăn Được
Fermentation	Lên Men
Flavor	Hương Vị
Habits	Thói Quen
Health	Sức Khỏe
Healthy	Khỏe Mạnh
Liquids	Chất Lỏng
Proteins	Protein
Quality	Chất Lượng
Sauce	Nước Xốt
Toxin	Độc Tố
Vitamin	Vitamin
Weight	Cân Nặng

Ocean
Đại Dương

Algae	Tảo
Coral	San Hô
Crab	Cua
Dolphin	Cá Heo
Eel	Lươn
Fish	Cá
Jellyfish	Sứa
Octopus	Bạch Tuộc
Oyster	Hàu
Reef	Trả Lại
Salt	Muối
Seaweed	Rong Biển
Shark	Cá Mập
Shrimp	Tôm
Sponge	Bọt Biển
Storm	Bão Táp
Tides	Thủy Triều
Tuna	Cá Ngừ
Turtle	Rùa
Whale	Cá Voi

Pets
Thú Cưng

Cat	Con Mèo
Collar	Cổ Áo
Cow	Bò
Dog	Chó
Fish	Cá
Food	Thức Ăn
Goat	Dê
Hamster	Hamster
Kitten	Mèo Con
Lizard	Con Thằn Lằn
Mouse	Chuột
Parrot	Con Vẹt
Puppy	Chó Con
Rabbit	Thỏ
Tail	Đuôi
Turtle	Rùa
Veterinarian	Bác sĩ thú Y
Water	Nước

Pirates
Cướp Biển

Anchor	Neo
Bad	Xấu
Beach	Bãi Biển
Captain	Thuyền Trưởng
Cave	Hang
Coins	Đồng Xu
Compass	La Bàn
Crew	Phi Hành Đoàn
Danger	Nguy Hiểm
Flag	Cờ
Gold	Vàng
Island	Đảo
Legend	Truyền Thuyết
Map	Bản Đồ
Ocean	Đại Dương
Parrot	Con Vẹt
Rum	Rum
Scar	Sẹo
Sword	Thanh Kiếm
Treasure	Kho Báu

Plants
Cây

Bamboo	Tre
Bean	Hạt Đậu
Berry	Quả Mọng
Botany	Thực vật Học
Bush	Bụi Cây
Cactus	Xương Rồng
Fertilizer	Phân Bón
Flora	Flora
Flower	Hoa
Foliage	Lá
Forest	Rừng
Garden	Vườn
Grass	Cỏ
Ivy	Ivy
Moss	Rêu
Petal	Cánh Hoa
Root	Nguồn Gốc
Stem	Gốc
Tree	Cây
Vegetation	Thực Vật

Professions #1
Nghề Nghiệp số 1

Ambassador	Đại Sứ
Athlete	Lực Sĩ
Attorney	Luật Sư
Banker	Ngân Hàng
Dancer	Vũ Công
Doctor	Bác Sĩ
Editor	Biên tập Viên
Firefighter	Lính cứu Hỏa
Geologist	Nhà địa Chất
Hunter	Thợ Săn
Jeweler	Jeweler
Musician	Nhạc Sĩ
Nurse	Y Tá
Pharmacist	Dược Sĩ
Pianist	Nghệ sĩ Piano
Plumber	Plumber
Sailor	Thủy Thủ
Scientist	Nhà Khoa Học
Tailor	Thợ May
Veterinarian	Bác sĩ thú Y

Professions #2
Nghề Nghiệp số 2

Astronaut	Phi Hành Gia
Chemist	Nhà hóa Học
Dentist	Nha Sĩ
Detective	Thám Tử
Engineer	Kỹ Sư
Farmer	Nông Dân
Illustrator	Hoạ
Journalist	Nhà Báo
Librarian	Thủ Thư
Linguist	Nhà Ngôn Ngữ
Painter	Họa Sĩ
Philosopher	Triết Gia
Photographer	Nhiếp ảnh Gia
Physician	Bác Sĩ
Pilot	Phi Công
Politician	Chính trị Gia
Professor	Giáo Sư
Publisher	Nhà Xuất Bản
Teacher	Giáo Viên

Rainforest
Rừng mưa Nhiệt Đới

Birds	Chim
Botanical	Thực Vật
Climate	Khí Hậu
Clouds	Đám Mây
Community	Cộng Đồng
Diversity	Đa Dạng
Indigenous	Bản Địa
Insects	Côn Trùng
Jungle	Rừng
Moss	Rêu
Nature	Thiên Nhiên
Preservation	Sự bảo Tồn
Refuge	Refuge
Respect	Sự tôn Trọng
Restoration	Phục Hồi
Species	Loài
Survival	Sự Sống Còn
Valuable	Quý

Restaurant #1
Nhà Hàng # 1

Allergy	Dị Ứng
Bowl	Bát
Bread	Bánh Mì
Chicken	Gà
Coffee	Cà Phê
Food	Thức Ăn
Ingredients	Thành Phần
Kitchen	Nhà Bếp
Knife	Dao
Meat	Thịt
Menu	Thực Đơn
Napkin	Khăn Ăn
Plate	Đĩa
Reservation	Đặt Phòng
Sauce	Nước Xốt
Spicy	Cay
Waitress	Nữ Phục Vụ

Restaurant #2
Nhà Hàng số 2

Beverage	Đồ Uống
Cake	Bánh
Chair	Ghế
Delicious	Ngon
Dinner	Bữa Tối
Eggs	Trứng
Fish	Cá
Fork	Cái Nĩa
Fruit	Trái Cây
Ice	Băng
Lunch	Bữa Trưa
Noodles	Mì
Salad	Salad
Salt	Muối
Soup	Súp
Spices	Gia Vị
Spoon	Cái Thìa
Vegetables	Rau
Waiter	Phục vụ Nam
Water	Nước

School #1
Trường học số 1

Alphabet	Bảng chữ Cái
Answers	Câu trả Lời
Books	Sách
Chair	Ghế
Classroom	Lớp Học
Desk	Bàn
Exams	Thi
Folders	Thư Mục
Friends	Bạn Bè
Fun	Vui Vẻ
Library	Thư Viện
Lunch	Bữa Trưa
Math	Môn Toán
Numbers	Số
Paper	Giấy
Pencil	Bút Chì
Pens	Bút
Quiz	Đố
Teacher	Giáo Viên
To Read	Đọc

School #2
Trường học số 2

Academic	Học
Activities	Hoạt Động
Backpack	Ba Lô
Books	Sách
Bus	Xe Buýt
Calendar	Lịch
Computer	Máy Tính
Dictionary	Từ Điển
Education	Giáo Dục
Eraser	Tẩy
Friends	Bạn Bè
Grammar	Ngữ Pháp
Library	Thư Viện
Literature	Văn Học
Paper	Giấy
Pencil	Bút Chì
Science	Khoa Học
Scissors	Kéo
Teacher	Giáo Viên
Weekends	Cuối Tuần

Science
Khoa Học

Atom	Nguyên Tử
Chemical	Hóa Chất
Climate	Khí Hậu
Data	Dữ Liệu
Evolution	Tiến Hóa
Experiment	Thí Nghiệm
Fact	Thực Tế
Fossil	Hóa Thạch
Gravity	Trọng Lực
Hypothesis	Giả Thuyết
Method	Phương Pháp
Minerals	Khoáng Sản
Molecules	Phân Tử
Nature	Thiên Nhiên
Observation	Quan Sát
Particles	Hạt
Physics	Vật Lý
Plants	Cây
Scientist	Nhà Khoa Học

Science Fiction
Khoa học Viễn Tưởng

Atomic	Nguyên Tử
Books	Sách
Chemicals	Hóa Chất
Clones	Nhái
Distant	Xa Xôi
Dystopia	Dystopia
Explosion	Nổ
Extreme	Cực
Fantastic	Tuyệt Vời
Fire	Lửa
Futuristic	Tương Lai
Galaxy	Thiên Hà
Illusion	Ảo Giác
Imaginary	Tưởng Tượng
Mysterious	Bí Ẩn
Oracle	Oracle
Planet	Hành Tinh
Technology	Công Nghệ
Utopia	Utopia
World	Thế Giới

Scientific Disciplines
Các Ngành Khoa Học

Anatomy	Giải Phẫu Học
Archaeology	Khảo cổ Học
Astronomy	Thiên văn Học
Biochemistry	Hóa Sinh
Biology	Sinh Học
Botany	Thực vật Học
Chemistry	Hóa Học
Ecology	Sinh Thái
Geology	Địa Chất Học
Immunology	Miễn Dịch
Kinesiology	Kinesiology
Linguistics	Ngôn Ngữ
Mechanics	Cơ Khí
Meteorology	Khí Tượng Học
Mineralogy	Khoáng
Neurology	Thần Kinh
Physiology	Sinh lý Học
Psychology	Tâm Lý
Sociology	Xã hội Học
Zoology	Động vật Học

Shapes
Hình Dạng

Arc	Cung
Circle	Vòng Tròn
Cone	Nón
Corner	Góc
Curve	Đường Cong
Cylinder	Hình Trụ
Edges	Cạnh
Ellipse	Ellipse
Hyperbola	Hyperbola
Line	Hàng
Polygon	Đa Giác
Prism	Lăng
Pyramid	Kim tự Tháp
Rectangle	Hình chữ Nhật
Round	Vòng
Side	Bên
Sphere	Cầu
Square	Quảng Trường
Triangle	Tam Giác

Spices
Gia Vị

Anise	Cây Hồi
Bitter	Đắng
Cardamom	Thảo Quả
Cinnamon	Quế
Clove	Đinh Hương
Coriander	Rau Mùi
Cumin	Cây thì Là
Curry	Cà Ri
Fennel	Thì Là
Fenugreek	Cỏ cà Ri
Flavor	Hương Vị
Garlic	Tỏi
Ginger	Gừng
Nutmeg	Nhục đậu Khấu
Onion	Hành
Paprika	Ớt cựa Gà
Saffron	Nghệ Tây
Salt	Muối
Sweet	Ngọt
Vanilla	Vani

Sports
Các môn thể Thao

Athlete	Lực Sĩ
Baseball	Bóng Chày
Basketball	Bóng Rổ
Bicycle	Xe Đạp
Championship	Chức vô Địch
Game	Trò Chơi
Golf	Golf
Gymnasium	Gymnasium
Gymnastics	Thể Dục
Hockey	Khúc côn Cầu
Movement	Phong Trào
Player	Người Chơi
Referee	Trọng Tài
Stadium	Sân vận Động
Team	Đội
Tennis	Quần Vợt

Summer
Mùa Hè

Beach	Bãi Biển
Books	Sách
Camping	Cắm Trại
Diving	Lặn
Family	Gia Đình
Food	Thức Ăn
Friends	Bạn Bè
Games	Trò Chơi
Garden	Vườn
Home	Nhà
Joy	Niềm Vui
Leisure	Giải Trí
Music	Âm Nhạc
Relaxation	Thư Giãn
Sandals	Dép
Sea	Biển
Stars	Sao
Travel	Du Lịch
Vacation	Kỳ Nghỉ

Surfing
Lướt Sóng

Athlete	Lực Sĩ
Beach	Bãi Biển
Beginner	Người bắt Đầu
Champion	Quán Quân
Crowds	Đám Đông
Extreme	Cực
Foam	Bọt
Fun	Vui Vẻ
Ocean	Đại Dương
Paddle	Chèo
Popular	Phổ Biến
Reef	Trả Lại
Speed	Tốc Độ
Spray	Phun
Stomach	Bụng
Strength	Sức Mạnh
Style	Phong Cách
Wave	Sóng
Weather	Thời Tiết

Technology
Công Nghệ

Blog	Blog
Browser	Trình Duyệt
Bytes	Nội
Camera	Máy Ảnh
Computer	Máy Tính
Cursor	Con Trỏ
Data	Dữ Liệu
Digital	Kỹ Thuật Số
Display	Trưng Bày
File	Tập Tin
Font	Chữ
Internet	Internet
Message	Thông Điệp
Research	Nghiên Cứu
Screen	Màn
Security	An Ninh
Software	Phần Mềm
Statistics	Thống Kê
Virtual	Ảo
Virus	Vi Rút

Time
Thời Gian

Annual	Hàng Năm
Before	Trước
Calendar	Lịch
Century	Thế Kỷ
Clock	Đồng Hồ
Day	Ngày
Decade	Thập Kỷ
Future	Tương Lai
Hour	Giờ
Minute	Phút
Month	Tháng
Morning	Buổi Sáng
Night	Đêm
Noon	Buổi Trưa
Now	Bây Giờ
Soon	Sớm
Today	Hôm Nay
Week	Tuần
Year	Năm
Yesterday	Hôm Qua

To Fill
Để Điền Vào

Barrel	Thùng
Basket	Cái Rổ
Bottle	Chai
Box	Hộp
Bucket	Xô
Carton	Carton
Drawer	Ngăn Kéo
Envelope	Phong Bì
Folder	Thư Mục
Packet	Gói
Pocket	Túi
Suitcase	Va Li
Tray	Khay
Tube	Ống
Vase	Bình
Vessel	Tàu

Tools
Công Cụ

Axe	Rìu
Cable	Cáp
Glue	Keo
Hammer	Búa
Knife	Dao
Ladder	Thang
Mallet	Vồ
Pliers	Kìm
Razor	Dao Cạo
Rope	Dây Thừng
Scissors	Kéo
Screw	Vít
Shovel	Xẻng
Stapler	Giấy
Torch	Ngọn Đuốc
Wheel	Bánh Xe

Town
Thị Trấn

Airport	Sân Bay
Bank	Ngân Hàng
Bookstore	Hiệu Sách
Florist	Người bán Hoa
Gallery	Bộ sưu Tập
Hotel	Khách Sạn
Library	Thư Viện
Market	Thị Trường
Museum	Bảo Tàng
Pharmacy	Tiệm Thuốc
Salon	Salon
School	Trường Học
Stadium	Sân vận Động
Store	Cửa Hàng
Supermarket	Siêu Thị
Theater	Rạp Hát
University	Đại Học
Zoo	Sở Thú

Toys
Đồ Chơi

Airplane	Máy Bay
Ball	Bóng
Bicycle	Xe Đạp
Boat	Thuyền
Books	Sách
Car	Xe Hơi
Chess	Cờ Vua
Clay	Đất Sét
Crafts	Đồ thủ Công
Doll	Búp Bê
Drums	Trống
Favorite	Yêu Thích
Games	Trò Chơi
Kite	Diều
Paints	Sơn
Puzzle	Câu Đố
Robot	Robot
Train	Xe Lửa
Truck	Xe Tải

Vacation #2
Kỳ Nghỉ số 2

Airport	Sân Bay
Beach	Bãi Biển
Camping	Cắm Trại
Destination	Điểm Đến
Foreign	Ngoại Quốc
Holiday	Ngày Lễ
Hotel	Khách Sạn
Island	Đảo
Journey	Hành Trình
Leisure	Giải Trí
Map	Bản Đồ
Mountains	Núi
Passport	Hộ Chiếu
Photos	Ảnh
Sea	Biển
Taxi	Xe tắc Xi
Tent	Lều
Train	Xe Lửa
Transportation	Vận Chuyển
Visa	Thị Thực

Vegetables
Rau Củ

Artichoke	Atisô
Broccoli	Bông cải Xanh
Carrot	Cà Rốt
Cauliflower	Súp Lơ
Celery	Cần Tây
Cucumber	Dưa Chuột
Eggplant	Cà Tím
Garlic	Tỏi
Ginger	Gừng
Mushroom	Nấm
Olive	Ô Liu
Onion	Hành
Parsley	Mùi Tây
Pea	Đậu
Pumpkin	Quả bí Ngô
Salad	Salad
Shallot	Củ Hẹ
Spinach	Rau Bina
Tomato	Cà Chua
Turnip	Củ Cải

Vehicles
Xe Cộ

Airplane	Máy Bay
Ambulance	Xe cứu Thương
Bicycle	Xe Đạp
Boat	Thuyền
Bus	Xe Buýt
Car	Xe Hơi
Caravan	Caravan
Ferry	Phà
Motor	Động Cơ
Raft	Bè
Rocket	Tên Lửa
Scooter	Xe tay Ga
Submarine	Tàu Ngầm
Subway	Xe Điện Ngầm
Taxi	Xe tắc Xi
Tires	Lốp
Tractor	Máy Kéo
Train	Xe Lửa
Truck	Xe Tải
Van	Van

Virtues #1
Đức Hạnh số 1

Artistic	Nghệ Thuật
Charming	Quyến Rũ
Clean	Dọn Dẹp
Curious	Tò Mò
Decisive	Quyết Định
Efficient	Hiệu Quả
Funny	Buồn Cười
Generous	Rộng Lượng
Good	Tốt
Helpful	Hữu Ích
Imaginative	Tưởng Tượng
Independent	Độc Lập
Intelligent	Thông Minh
Modest	Khiêm Tốn
Passionate	Đam Mê
Patient	Kiên Nhẫn
Practical	Thực Tế
Reliable	Đáng tin Cậy
Wise	Khôn Ngoan

Visual Arts
Nghệ Thuật thị Giác

Architecture	Kiến Trúc
Artist	Nghệ Sĩ
Chalk	Phấn
Clay	Đất Sét
Composition	Thành Phần
Creativity	Sáng Tạo
Easel	Vẽ
Film	Phim Ảnh
Masterpiece	Kiệt Tác
Painting	Bức Tranh
Pen	Cái Bút
Pencil	Bút Chì
Perspective	Quan Điểm
Photograph	Ảnh Chụp
Portrait	Chân Dung
Pottery	Đồ Gốm
Sculpture	Điêu Khắc
Stencil	Giấy Nến
Wax	Sáp

Water
Nước

Canal	Kênh
Drinkable	Uống
Evaporation	Bay Hơi
Flood	Lũ Lụt
Frost	Sương Giá
Geyser	Geyser
Hurricane	Cơn Bão
Ice	Nước Đá
Irrigation	Thủy Lợi
Lake	Hồ
Moisture	Độ Ẩm
Monsoon	Gió Mùa
Ocean	Đại Dương
Rain	Mưa
River	Sông
Shower	Vòi hoa Sen
Snow	Tuyết
Steam	Hơi Nước
Waves	Sóng

Weather
Thời Tiết

Atmosphere	Không Khí
Climate	Khí Hậu
Cloud	Đám Mây
Drought	Hạn Hán
Dry	Khô
Flood	Lũ Lụt
Fog	Sương Mù
Hurricane	Cơn Bão
Ice	Nước Đá
Lightning	Sét
Monsoon	Gió Mùa
Polar	Cực
Rainbow	Cầu Vồng
Sky	Bầu Trời
Storm	Bão Táp
Temperature	Nhiệt Độ
Thunder	Sấm Sét
Tornado	Lốc Xoáy
Tropical	Nhiệt Đới
Wind	Gió

Congratulations

You made it!

We hope you enjoyed this book as much as we enjoyed making it. We do our best to make high quality games.
These puzzles are designed in a clever way for you to learn actively while having fun!

Did you love them?

A Simple Request

Our books exist thanks your reviews. Could you help us by leaving one now?

Here is a short link which will take you to your order review page:

BestBooksActivity.com/Review50

MONSTER CHALLENGE!

Challenge #1

Ready for Your Bonus Game? We use them all the time but they are not so easy to find. Here are **Synonyms**!

Note 5 words you discovered in each of the Puzzles noted below (#21, #36, #76) and try to find 2 synonyms for each word.

Note 5 Words from *Puzzle 21*

Words	Synonym 1	Synonym 2

Note 5 Words from *Puzzle 36*

Words	Synonym 1	Synonym 2

Note 5 Words from *Puzzle 76*

Words	Synonym 1	Synonym 2

Challenge #2

Now that you are warmed-up, note 5 words you discovered in each Puzzle noted below (#9, #17, #25) and try to find 2 antonyms for each word. How many lines can you do in 20 minutes?

Note 5 Words from **Puzzle 9**

Words	Antonym 1	Antonym 2

Note 5 Words from **Puzzle 17**

Words	Antonym 1	Antonym 2

Note 5 Words from **Puzzle 25**

Words	Antonym 1	Antonym 2

Challenge #3

Wonderful, this monster challenge is nothing to you!

Ready for the last one? Choose your 10 favorite words discovered in any of the Puzzles and note them below.

1.	6.
2.	7.
3.	8.
4.	9.
5.	10.

Now, using these words and within a maximum of six sentences, your challenge is to compose a text about a person, animal or place that you love!

Tip: You can use the last blank page of this book as a draft!

Your Writing:

Explore a Unique Store
Set Up **FOR YOU!**

MEGA DEALS

BestActivityBooks.com/**TheStore**

Designed for Entertainment!

Light Up Your Brain With Unique **Gift Ideas**.

Access **Surprising** And **Essential Supplies!**

CHECK OUT OUR MONTHLY SELECTION NOW!

- Expertly Crafted Products -

NOTEBOOK:

SEE YOU SOON!

Linguas Classics Team

BESTACTIVITYBOOKS.COM/FREEGAMES